Erin Alderson

Easy Veggie

saisonal, frisch, schnell zubereitet!

Aus dem Amerikanischen von Elisabeth Liebl

HANS-NIETSCH-VERLAG

Titel der Originalausgabe: *The Easy Vegetarian Kitchen. 50 Classic Recipes with Seasonal Variations for Hundreds of Fast, Delicious Plant-Based Meals* erschienen bei *Fair Winds Press*, Beverly/USA

Translation Rights arranged with *Quarto Publishing Group Inc.*, Beverly/USA

Lektorat: Ute Orth
Korrektorat: Petra Zwerenz
Fotos: Erin Alderson
Layout Innenteil: Kathie Alexander
Seitenlayout: tabula rasa graphic design
Einbandgestaltung: Kurt Liebig
Cover-Foto: Food Collection/offset.com
Satz: Rosi Weiss

Hans-Nietsch-Verlag
Am Himmelreich 7
79312 Emmendingen

www.nietsch.de
info@nietsch.de

ISBN 978-3-86264-369-1

Für meine Eltern, die mich stets ermutigt haben, Neues auszuprobieren.

Inhalt

Einführung

An einem kalten Januartag im verschneiten Illinois fing ich an, von köstlich frischen Lebensmitteln zu träumen. Ich hatte vom Winter einfach genug und sehnte mich nach dem Frühling – und nach den Bauernmärkten, auf denen die Farmer aus der Gegend ihre Produkte verkaufen. Und ich hatte große Pläne für jenes Jahr: Ich wollte in meinen Food-Blog *Naturally Ella* viel mehr frische, regionale Produkte einbauen. All das liegt nun ein paar Jahre zurück. Schon damals liebte ich Bauernmärkte, kaufte dort regelmäßig ein und wusste daher bereits einiges darüber. Mein Mann und ich hatten noch keinen eigenen Garten, aber ich wollte einfach wissen, wo all das wuchs, was schließlich den Weg in meinen Kochtopf fand.

Endlich fand ich einen Farmer, bei dem man selbst ernten durfte. Ich fuhr jede Woche zu ihm heraus und pflückte Obst oder schnitt Gemüse, wann immer es möglich war. Ich genoss es, meine Nahrungsmittel im Rhythmus der Jahreszeiten selbst aus dem Garten oder vom Feld zu holen. In Kontakt mit der Natur zu sein ist eine wunderbare Erfahrung für jeden Menschen!

Nun hatte ich jede Woche frische Sachen zur Hand und stellte bald fest, dass ich meine Art zu kochen umstellen musste. Bis dahin hatte ich immer nur Rezepte nachgekocht, die ich irgendwo entdeckt hatte und die mir schmackhaft erschienen waren. Doch da ich jetzt direkt beim Bauern einkaufte, fing ich an, meine Mahlzeiten anhand der Zutaten zusammenzustellen, die ich gerade zur Verfügung hatte. Dabei war ich zunächst nicht einmal besonders kreativ. Ich brauchte etwas Zeit und Übung, um aus dem, was die Natur mir Woche für Woche schenkte, meine eigenen, wohlschmeckenden Kreationen zu zaubern. Nach und nach erkundete ich die unterschiedlichsten Geschmacksrichtungen und lernte, aus jedem Stück Obst oder Gemüse ein Maximum an Geschmack herauszuholen.

Diese neue Philosophie hat meinen Zugang zum Kochen grundlegend verändert. Statt ein Gericht nach einem bestimmten Rezept zuzubereiten, verfüge ich heute über ein paar gute Grundrezepte, die ich je nach den Zutaten abwandle, die ich gerade zur Hand habe. Und auch den Begriff „Grundrezept" sollten Sie nicht zu wörtlich nehmen, denn ich habe meine Rezepte erst vor Kurzem niedergeschrieben. Bis zu diesem Zeitpunkt hatte ich einfach das Mengenverhältnis der Hauptzutaten im Kopf und variierte es nach Belieben. Zudem habe ich festgestellt, dass sich unsere Einstellung zu Lebensmitteln grundlegend verändert hat. Früher gab es durchaus Abende, an denen mein Mann und ich übereinstimmend feststellten, dass wir für ein selbst gekochtes Abendessen nichts im Haus hatten. Mittlerweile bin ich jedoch Expertin darin, aus den vorhandenen Nahrungsmitteln wahre Köstlichkeiten zu zaubern. Dafür bedarf es nur ein paar frischer Zutaten – und ein Rezept ist überflüssig. Ich fühlte mich regelrecht befreit, als ich nicht mehr ständig zum Supermarkt fahren musste, weil ich meinte, auf die eine oder andere Zutat nicht verzichten zu können. Wir essen heute viel weniger industriell verarbeitete Lebensmittel, und wir gehen kaum noch ins Restaurant.

Damals lebten wir im ländlichen Mittleren Westen der USA, was mich dem natürlichen Rhythmus der Jahreszeiten nähergebracht hat. Ich wusste, dass es Rhabarber nur im Frühsommer gibt und dass Tomaten nur von Juli bis September gut schmecken. Heute wohne ich in Kalifornien und esse nur noch saisonales Obst und Gemüse aus der Region. Frisch vor Ort gekauftes Obst und Gemüse schmeckt einfach unschlagbar gut! Aus diesem Grund stelle ich Ihnen in *Easy Veggie* Grundrezepte mit saisonalen Variationen vor: So haben Sie das ganze Jahr über Alternativen und können jedes Rezept an die entsprechende Jahreszeit anpassen.

Eine einfache vegetarische Küche …

Als ich meine ersten Erfahrungen als Köchin sammelte, konnte ich all die Leute nicht verstehen, die mir weismachen wollten, Kochen sei doch ganz einfach und im Grunde ein Kinderspiel. Für mich war damals *alles* schwierig. Meine Küchenflops sind legendär, aber ich bin trotzdem dabei geblieben, bis ich schließlich die Grundtechniken beherrschte. Letztendlich sind „einfach" oder „leicht" doch relative Begriffe. Was dem einen leichtfällt, ist für jemand anderen vielleicht sogar recht kompliziert. Vor diesem Hintergrund habe ich Kreativität, Umsetzbarkeit und bestmöglichen Geschmack zu den Leitlinien meiner Rezepte erkoren.

Sie werden feststellen, dass sich die in diesem Buch vorgestellten Rezepte leicht abwandeln lassen. Für jedes Grundrezept gibt es vier saisonale Variationen, für die Sie je nach Jahreszeit frisch erhältliche Zutaten verwenden können. Sobald Ihnen das Grundrezept in Fleisch und Blut übergegangen ist, wird es Ihnen leichtfallen, es saisonal abzuwandeln – ganz nach Ihrem eigenen Gusto und je nach saisonalem Angebot von frischem Obst und Gemüse. Sie haben nur zwei der Zutaten zur Hand, die Sie für ein Rezept brauchen? (Das passiert mir immer wieder!) Kein Problem! Ergänzen Sie es einfach mit einem passenden Nahrungsmittel, das Sie in Ihrem Kühlschrank finden.

Noch eine Anmerkung zum Schluss: Bitte verfallen Sie nicht der irrigen Annahme, alles, was Sie in der Küche verwenden, müsse hausgemacht sein. Selbst Gemachtes ist wunderbar, wenn ich genug Zeit dafür habe, doch nach einem langen Arbeitstag ist das eben oft nicht möglich. Also trickse ich ein bisschen, und das können Sie auch! Wenn mein Mann und ich unter der Woche abends Appetit auf Pizza haben, nehme ich dafür hin und wieder Fertigteig aus dem Supermarkt. Oder ich verwende Kürbispüree aus dem Glas oder fertige Tortillas.

Die Rezepte in diesem Buch entsprechen meinem persönlichen Kochstil. Sie sind vegetarisch, leicht zuzubereiten und manchmal auch vegan und/oder glutenfrei. Viele von ihnen sind schnell gemacht und eignen sich auch dazu, den einen oder anderen Rest zu verwerten, der von gestern oder vorgestern noch im Kühlschrank liegt. Ich hoffe, in meinem Buch finden Sie hilfreiche Grundlagen, um das ganze Jahr über leckere vegetarische Gerichte auf den Tisch zu bringen.

Auf dem besten Weg zu mehr Gesundheit und Wohlbefinden

Ich war in meinem Leben nicht immer Vegetarierin. Tatsächlich waren mir Worte wie „vollwertig" oder „naturbelassen" lange Zeit kein Begriff. Ich wuchs in einer ganz normalen Mittelschichtfamilie auf. Wir waren irgendwie immer in Eile und ernährten uns größtenteils von Fertiggerichten oder Fast Food, weil das eben schnell ging. Meine Essgewohnheiten und die meiner Familie änderten sich erst, nachdem wir eine bittere Erfahrung durchlebt hatten.

Als ich Anfang zwanzig war, spielten mein Vater und ich gerade zusammen Eishockey. Mittendrin marschierte er plötzlich zur Bank zurück und musste sich setzen. Er atmete schwer. Und das keineswegs nur vor Erschöpfung. Seine Kurzatmigkeit wuchs sich zu einem Herzanfall an und am Ende brauchte er vier Bypässe. Die Krankheit meines Vaters hat uns die Augen geöffnet: Uns wurde klar, dass wir uns ungesund ernährten und dass dies früher oder später bei jedem von uns zu Problemen führen würde.

Von diesem Moment an ließ ich industriell verarbeitete Nahrungsmittel im Supermarktregal liegen und bemühte mich darum, ausgewogene Mahlzeiten auf den Tisch zu bringen. Schritt für Schritt wurde ich zur Vegetarierin, doch das ergab sich wie von selbst. Ich hatte eine Vorliebe entwickelt für Vollkorn, Hülsenfrüchte, Nüsse und Samen mit einer gesunden Portion Obst und Gemüse. Natürlich kam dann auch die Zeit, in der ich meine früheren Leibspeisen vermisste. Doch irgendwann hatte sich mein Körper umgestellt: Wenn ich Verlangen nach etwas hatte, dann war auch das vollwertig und gesund.

Den letzten Schritt in diesem Prozess machte ich allerdings erst, als ich bei Bauern aus der Region einzukaufen begann. Von diesem Moment an drehte sich in meiner Küche alles darum, wie ich den natürlichen Geschmack der Nahrungsmittel, die ich in der kommenden Woche auf den Tisch bringen wollte, am besten hervorheben konnte. So entstanden die Rezepte, die Sie in diesem Buch und auf meiner Website finden. Es ist mein Ziel, Sie und Ihre Familie mit den vielfältigen Möglichkeiten der vegetarischen Küche vertraut zu machen, ganz gleich, ob Sie sich künftig streng vegetarisch ernähren oder einfach nur ein paar leckere Rezepte ausprobieren wollen, um Ihre gewohnte Ernährung zu ergänzen.

Sich ausschließlich vegetarisch zu ernähren bedeutet, die eigene Gesundheit zu fördern, indem man pflanzliche Lebensmittel zur Grundlage der Ernährung macht. Doch vegetarisch zu essen hat nicht nur mit Gesundheit zu tun. Ich hoffe, die folgenden Rezepte und ihre saisonalen Variationen eröffnen Ihnen einen neuen Zugang zu dem natürlichen Rhythmus der Jahreszeiten.

1

Die Grundzutaten

Nachdem ich damit begonnen hatte, direkt beim Bauern einzukaufen, fing ich an, mit unterschiedlichen Nahrungsmitteln zu experimentieren, mit vollwertigem Getreide, Hülsenfrüchten, Nüssen und Samen. Das war eine wunderbare Entdeckungsreise. Wenn Sie verschiedene Getreidesorten bzw. Hülsenfrüchte zu Hause haben, lässt sich daraus leicht eine Mahlzeit zaubern. Einige dieser Zutaten erfordern ein paar Vorbereitungen – wie etwa das Einweichen von Bohnen –, doch viele andere, wie Linsen, müssen Sie einfach nur kochen, um in kurzer Zeit eine vollwertige Mahlzeit zuzubereiten.

Auf den folgenden Seiten werde ich Ihnen sozusagen die Ausstattung meiner Vorratskammer vorstellen. Doch das bedeutet nicht, dass Sie jetzt loslaufen müssen, um all das zu kaufen. Wählen Sie einfach aus, was Sie und Ihre Familie am liebsten essen. Diese Nahrungsmittel sind dann die Grundbausteine Ihres Speiseplans. Ich habe stets zwei bis drei verschiedene Getreide- und Hülsenfrüchtesorten zur Hand. Manchmal koche ich sie am Wochenende vor und greife unter der Woche darauf zurück, wenn ich schnell eine Mahlzeit auf den Tisch bringen will.

< *Granola-Parfait mit Dinkel und Zimtäpfeln*

Hinweise des deutschen Herausgebers:

Die Mengenangaben in den Rezepten erfolgen, wie in den USA üblich, in Tassen (cups). 1 Tasse fasst etwas weniger als 250 Milliliter. In gut sortierten Haushaltswarengeschäften und im Internet sind mittlerweile „Cup-Sets" erhältlich. Das sind Schälchen, in die genau 1 Tasse, ½ Tasse etc. passt.

1 Esslöffel umfasst jeweils 15 Milliliter und 1 Teelöffel entspricht 5 Millilitern einer flüssigen Zutat. Bei kleinen Mengen fester Zutaten erfolgen die Angaben ebenfalls in Ess- oder Teelöffeln. Dabei wurde auf die Grammangaben verzichtet.

Die Zeitangaben in den Rezepten sind stets als ungefähre Angaben zu verstehen. Natürlich variieren sie je nach Art des Herds, Ofens und Grills u. v. m. Bleiben Sie also stets dabei, wenn Sie Ihre Mahlzeiten zubereiten.

Getreide

Getreide – ob mit oder ohne Gluten – gehört für mich zu den wichtigsten Grundnahrungsmitteln und ist das A und O in meiner Küche. Dabei spielt es keine Rolle, ob ich es als Korn oder als Mehl verwende. Ich habe meist fünf bis sechs verschiedene Getreidesorten zu Hause, verwende aber hin und wieder auch mal eine andere Sorte. (Hinweise zu den Garzeiten verschiedener Getreidesorten finden Sie auf Seite 186.) Oft ersetze ich eine Getreideart in einem Rezept durch eine andere. Statt Vollreis können Sie z. B. Quinoa verwenden und statt Haferflocken ebenso gut Dinkel- oder Roggenflocken. Kleine Mengen Getreide können Sie bei Zimmertemperatur aufbewahren, größere sollten Sie aber besser in einem luftdicht verschlossenen Behälter im Gefrierschrank lagern.

Sobald Sie die unterschiedlichen Eigenschaften aller Getreidearten kennen, wird Ihnen eine glutenarme Ernährung leichtfallen. Dann können Sie z. B. zum Backen Weizen durch Hafer ersetzen. Geht es hingegen um herzhafte Getreidesalate oder -eintöpfe, so sind Hirse, Quinoa und Sorghumhirse die erste Wahl.

Die wichtigsten Getreidesorten sind

- **Emmer:** vor allem für das Risotto (Seite 140), aber auch als Mehl eine gute Wahl
- **Hafer (Flocken und Grütze):** als Mehl sowie als Flocken fürs Müsli und zum Backen
- **Quinoa:** ist schnell zubereitet und daher bestens für Hauptgerichte, Salate und Suppen geeignet
- **Vollreis:** ein vielseitiges Getreide für zahllose Gerichte
- **Weizen:** wird meist für Mehl verwendet, schmeckt aber auch gut als Getreidesalat oder Porridge

Andere Getreidesorten:

- Amaranth
- Dinkel (als Korn und Flocken)
- Einkorn
- Gerste (als Korn und Graupen)
- Hirse
- Kamut (als Korn und Flocken)
- Polenta (Maisgrieß)
- Roggen (als Korn und Flocken)
- Sorghumhirse
  (wird auch als „Mohrenhirse" oder „Milomehl" bezeichnet)

Hülsenfrüchte

Obwohl ich vegetarische Rezepte liebe, bin ich kein Freund von vegetarischem Eiweißersatz wie Soja, Tofu oder Seitan. Ich bevorzuge Hülsenfrüchte, denn Kichererbsen, schwarze Bohnen und Linsen sind eine ausgezeichnete Grundlage für eine herzhafte Mahlzeit. Bei den Tacos mit schwarzen Bohnen (Seite 122) oder dem Linseneintopf (Seite 76) sind Hülsenfrüchte die wichtigste Zutat, aber auch in meinen Hauptgerichten finden Sie die drei genannten Hülsenfrüchte immer wieder. Was die Vorbereitung angeht, so müssen getrocknete schwarze Bohnen und Kichererbsen gut eingeweicht werden (am besten über Nacht). Linsen hingegen sind schon in 20 Minuten fertig. Bewahren Sie alle Bohnensorten in luftdicht verschlossenen Behältern an einem trockenen, kühlen Ort auf.

Die wichtigsten Hülsenfrüchte sind

- **Kichererbsen:** Ich mahle sie zu Mehl oder mache daraus Salate, Currygerichte und Hummus.
- **Linsen:** Sind vor allem nützlich, wenn es um schnelle Mahlzeiten geht. Kaufen Sie am besten gleich verschiedene Sorten wie rote Dal-Linsen oder schwarze Belugalinsen, da sie nicht nur unterschiedlich aussehen, sondern jeweils ein anderes Aroma haben.
- **schwarze Bohnen:** Meine Lieblingsfüllung für Tacos und Enchiladas (Seite 146). Auch schwarze Bohnen können Sie zu Mehl mahlen.

Weitere schmackhafte Hülsenfrüchte:

- Augenbohnen
- Kidneybohnen
- Spalterbsen
- weiße Bohnen

Nüsse und Samen

Nüsse und Samen liefern wertvolle Proteine. Sie sind knackig und peppen jedes Gericht mit einer Extraportion Geschmack auf. Ich streue gern ein paar Nüsse und Samen über Salate oder andere Mahlzeiten: Nichts geht über eine Handvoll geröstete Sesamsamen auf einer Schale Sobanudeln (Seite 48).

Nüsse sind jedoch leicht verderblich. Bewahren Sie sie daher am besten im Kühlschrank auf. Sie können leicht ranzig werden, und meist lässt sich nicht feststellen, wie lange die gekaufte Ware bereits gelagert wurde. Ich habe daher immer eine kleine Sammlung Nüsse in meinem Kühlschrank und kaufe sie nach, sobald eine Sorte aufgebraucht ist.

Nüsse und Samen in meinem Kühlschrank:

- Haselnüsse
- Kürbiskerne
- Mandeln
- Pekannüsse
- Pistazien
- Sesamsamen
- Sonnenblumenkerne
- Walnüsse

Kräuter und Gewürze

Kräuter und Gewürze verleihen einfach jedem Gericht eine besondere Note. Sie sind die Stars der feinen vegetarischen Küche. Mit ihnen schaffen Sie es, das Niveau einer Mahlzeit von „ganz okay" auf „absolut phänomenal" anzuheben. Daher sorge ich dafür, stets eine gute Auswahl an Gewürzen im Haus zu haben. Zusätzlich habe ich einen kleinen Balkonkräutergarten, der sich schon mehrfach als äußerst nützlich erwiesen hat. Frische Kräuter im Topf können Sie aber auch im Naturkostladen oder im Bio-Supermarkt kaufen. So haben Sie immer knackig frische Ware zur Hand.

Kräuter-Grundausstattung (am besten frisch, notfalls auch getrocknet):

- Basilikum
- Dill
- Knoblauchgrün
- Koriandergrün
- Minze
- Oregano
- Petersilie
- Rosmarin
- Salbei
- Thymian

Gewürze, die ich immer im Haus habe:

- Bockshornkleesamen
- geräuchertes Paprikapulver (Pimentón de la Vera)
- Ingwer
- Kardamom
- Koriander (ganz und gemahlen)
- Kreuzkümmel (ganz und gemahlen)
- Kurkuma
- Muskatnuss (ganz)
- Nelken
- Zimt

Eier und Milchprodukte

Ich bin in einer Zeit aufgewachsen, in der eine fettarme Ernährung als das Highlight der amerikanischen Esskultur galt. Alles – selbst Cookies – wurde fettarm hergestellt bzw. vermarktet. Ich habe eine Weile gebraucht, um diese Prägung abzuschütteln, aber es ist mir schließlich gelungen. Heute bin ich ein großer Fan von Vollmilch, vollfetter Sahne und Butter. Aber ich genieße sie in Maßen und versuche, vollfette Nahrungsmittel durch frisches Obst und Gemüse auszugleichen. Vollmilch können Sie durchaus durch fettarme Milch ersetzen, doch bei einigen Rezepten ist ihr hoher Fettanteil ein wichtiger Bestandteil.

Milchprodukte in meinem Kühlschrank:

- Eier
- Hartkäse (wie Emmentaler, Parmesan, Tilsiter etc.)
- vollfette Sahne
- vollfetter griechischer Joghurt
- Vollmilch

Fette, Öle und Süßungsmittel

Auch bei Fetten und Süßungsmitteln lautet mein Motto: mäßig, aber regelmäßig. Ich verwende nur qualitativ hochwertige Fette und Öle und mache einen großen Bogen um Industriezucker (obwohl ich gelegentlich zu Puderzucker greife). Dabei können Sie ganz Ihren persönlichen Vorlieben folgen: Ich verwende für Backwaren z. B. lieber naturbelassenes Kokosfett oder Walnussöl statt Butter. Honig ersetze ich durch Ahornsirup oder Reismalz – auf diese Weise können Sie aus einem Gericht schnell eine Köstlichkeit für Veganer machen.

Fette/Öle

- Butter
- Erdnussbutter
- Kokosfett
- Olivenöl
- Sesamöl
- Walnuss- und Mandelöl

Süßungsmittel

- Ahornsirup
- Honig
- Reismalz
- Vollrohrzucker (Mascobado oder Rapadura)
- Zuckerrohrmelasse oder Sorghumsirup

Und noch ein paar Extras

Die genannten Nahrungsmittel machen etwa 95 Prozent meiner Küchenvorräte aus, doch es gibt noch ein paar Extras, mit denen ich meine Mahlzeiten gern abrunde:

- Chilisauce (Tabasco)
- Essig (Balsamico, Weißweinessig oder Apfelessig)
- Sojasauce oder Tamari
- Würzmittel (Senf, Mayonnaise etc.)

Mit den in diesem Kapitel aufgelisteten Lebensmitteln habe ich Ihnen die „Basics" meiner vegetarischen Küche vorgestellt. Sie sollten diese Zusammenstellung jedoch nicht als Maß aller Dinge betrachten und können die Rezepte natürlich ruhig nach Ihrem Gusto abwandeln oder bestimmte Zutaten durch das ersetzen, was Sie gerade im Haus haben. Wenn Sie beispielsweise Speisen ohne Kuhmilch zubereiten wollen, können Sie diese einfach durch Mandel- oder Cashewmilch ersetzen. Und statt der in den Rezepten vorgesehenen Käsesorten können Sie alternativ veganen Käse aus dem Naturkostladen verwenden. Variieren Sie die eine oder andere Zutat einfach ganz nach Wunsch. Auf diese Weise lassen sich die meisten Rezepte in diesem Buch auch vegan oder glutenfrei zubereiten.

2

Frühstück

Ich war schon immer ein Morgenmensch. Selbst als Teenager stand ich gern früh auf, um mit Onkel und Tante Kaffee zu trinken, während meine Cousinen ihre Sommerferien nahezu verschliefen. Ich war sogar stolz darauf, dass ich höchstens bis 10 Uhr schlief. Kaum klingelte mein Wecker, sprang ich auch schon putzmunter aus dem Bett. Obwohl ich einige dieser Gewohnheiten als Erwachsene abgelegt habe, ist mir der Morgen immer noch der liebste Teil des Tages. Ich mag die ersten Schlucke frischen, heißen Kaffees, die kühle Luft bei meinen Morgenspaziergängen und vor allem … das Frühstück. Ja, ich liebe es zu frühstücken!

Meine Leidenschaft fürs Frühstück hat sich erst im Laufe der Zeit entwickelt. In jungen Jahren schnappte ich mir höchstens einen Müsliriegel und schon war ich unterwegs. Erst als ich einer Bäckerei arbeitete, begann ich ein gemütliches Frühstück zu Hause zu vermissen: Während ich früher noch im Schlafanzug am Küchentisch saß, hatte ich nun um dieselbe Uhrzeit schon drei Stunden Arbeit hinter mir – und das ein oder andere Stück Kuchen. Ich sehnte mich nach ruhigen Minuten mit einer Schale Müsli.

Mittlerweile mache ich mir zum Frühstück immer irgendetwas Leckeres mit Granola, Eiern oder Joghurt, je nachdem, worauf ich gerade Lust und was ich zu Hause habe. Mit den folgenden Frühstücksrezepten sind Sie bestens gerüstet für schnelle und ausgedehnte Morgenrituale, für die Kleinigkeit auf die Hand zum Kaffee ebenso wie für einen ausgiebigen Wochenend-Brunch. Und natürlich sind diese Leckereien nicht ausschließlich fürs Frühstück gedacht. (Mein Mann und ich machen uns mindestens einmal pro Woche ein Frühstücksgericht zum Abendessen.)

< Haferbrei mit Apfel und Ahornsirup

Haferbrei

Haferbrei ist mittlerweile aus der Mode gekommen. Als Kind sah ich meinen Vater regelmäßig ganze Teller voll Haferbrei mit Trockenfrüchten verspeisen. Für mich war das ganz normal. Die Instantflocken, die er dafür nahm, sind allerdings nicht unbedingt empfehlenswert. Sie enthalten vergleichsweise wenig Nährstoffe, werden dafür aber, wie andere Frühstücksgetreide auch, mit Zucker, Konservierungsstoffen und künstlichen Aromen vollgepumpt. Klassische Haferflocken ohne jegliche Zusätze sind jedoch ebenso preisgünstig wie lecker und können mit allen saisonalen Zutaten kombiniert werden.

Ich habe stets verschiedene Sorten Haferflocken vorrätig, die übrigens als vollwertig gelten, wenn der Keimling nicht entfernt wird. Die Haferkörner werden zunächst bedampft und anschließend gedarrt, wodurch sich der Spelz löst. Dann werden die ganzen Haferkörner zu „kernigen" Flocken (Großblattflocken) verarbeitet. „Zarte" Flocken (Kleinblattflocken) entstehen aus Hafergrütze, also aus dem zerkleinerten Haferkorn. Schmelzblattflocken, die sich sofort auflösen, wenn sie mit Flüssigkeit in Berührung kommen, werden aus Mehl hergestellt und sind vergleichsweise stark verarbeitet, aber auch in einer vollwertigen Version mit Keimling erhältlich. Wenn man sie mit Flüssigkeit verrührt, dicken sie sofort an. Schmelzflocken sind also nicht bissfest wie die anderen beiden Varianten. Probieren Sie einfach aus, was Ihnen besser schmeckt.

Beim Kochen mit Haferflocken passe ich die Flüssigkeitsmenge jeweils der verwendeten Sorte an. Wenn ich daraus einen Brei machen will, nehme ich mehr Flüssigkeit. Ebenso, wenn die Flocken relativ viel aufsaugen, ohne weich zu werden. Bleiben Sie am besten am Herd stehen und behalten Sie Ihren Haferbrei im Blick. Aromatischer wird er, wenn Sie die Flocken vor dem Garen 4 Minuten lang bei geringer Hitze in 1 Esslöffel Butter leicht bräunen. Anschließend wie gewohnt zubereiten. Auf diese Weise erhalten Ihre Haferflocken ein leckeres nussiges Aroma.

Grundrezept Haferbrei

ERGIBT: 2 MITTELGROSSE PORTIONEN ODER 1 GROSSE PORTION

1 Tasse (100 g) Haferflocken
1 Tasse (240 ml) Vollmilch
1 Tasse (240 ml) Wasser
1 Esslöffel Ahornsirup
½ Teelöffel Vanillepulver oder naturreiner Vanilleextrakt
2 Messerspitzen Meersalz

Alle Zutaten in einem flachen Topf verrühren. Zum Kochen bringen, die Hitze reduzieren und den Brei garen lassen, bis die Haferflocken weich werden und aufquellen. Das dauert etwa 12 Minuten.
Den Haferbrei nach Belieben mit Früchten, Nüssen oder 1 Spritzer Sahne servieren.

TIPP *Kochzeiten für 2 Portionen:*

1 Tasse (100 g) Kleinblatt-Haferflocken
2 Tassen (480 ml) Flüssigkeit
Etwa 15 Minuten köcheln lassen.

1 Tasse (100 g) Hafergrütze
3½ Tassen (840 ml) Flüssigkeit
Etwa 25 Minuten köcheln lassen.

1 Tasse (100 g) Großblatt-Haferflocken
3 Tassen (720 ml) Flüssigkeit
Etwa 25 Minuten köcheln lassen.

FRÜHLING

Mit gebackenen Erdbeeren und Pistazien

ERGIBT: 2 PORTIONEN

1 Grundrezept Haferbrei (Seite 14)
2 Tassen (340 g) Erdbeeren, in Scheiben geschnitten
1½ Teelöffel Ahornsirup
¼ Tasse (35 g) Pistazienstücke

Den Backofen auf 200 °C vorheizen.
Die Erdbeeren mit 1 Teelöffel Ahornsirup übergießen und in eine Auflaufform schichten. Die Pistazien mit einem ½ Teelöffel Ahornsirup übergießen, auf einem Backblech verteilen und 10 Minuten backen. Anschließend die Erdbeeren 15 Minuten backen.
Die Erdbeeren auf den Haferbrei geben und den Brei mit Pistazien bestreut servieren.

SOMMER

Kalter Haferbrei mit Waldbeeren

ERGIBT: 2 PORTIONEN

1 Tasse (240 ml) Vollmilch
1 Tasse (100 g) Kleinblatt-Haferflocken
¼ Tasse (25 g) Mandelblätter
1 Tasse (150 g) Waldbeeren
(Heidelbeeren, Brombeeren oder Himbeeren)
½ Teelöffel Vanillepulver oder naturreiner Vanilleextrakt
2 Teelöffel Honig

Am Vorabend alle Zutaten in einer Schüssel gut durchmischen. Einen Deckel auf die Schüssel geben und über Nacht in den Kühlschrank stellen.
Am nächsten Morgen kalt servieren.

HERBST

Mit Apfel und Ahornsirup

ERGIBT: 2 PORTIONEN

1 Grundrezept Haferbrei (Seite 14)
1 mittelgroßer Apfel, ohne Kerngehäuse, geschält und in 5 mm große Würfel geschnitten (etwa 180 g oder 1½ Tassen)
1 Esslöffel Ahornsirup
¼ Teelöffel gemahlener Zimt
¼ Teelöffel frische Ingwerwurzel, fein gerieben
2 Esslöffel vollfette Schlagsahne
2 Esslöffel Pekannüsse zum Bestreuen

Den Haferbrei nach dem Grundrezept zubereiten, dabei jedoch den Ahornsirup weglassen.
Während die Haferflocken garen, Apfelwürfel, Ahornsirup, Zimt und Ingwer in einem flachen Topf verrühren und die Apfelwürfel bei mittlerer Hitze etwa 6 Minuten weich garen. Vom Herd nehmen und die Sahne unterrühren.
Die Apfelmischung auf den Haferbrei geben und den Brei mit Pekannüssen bestreut servieren.

WINTER

Mit gebackenen Süßkartoffeln und Spiegelei

ERGIBT: 2 PORTIONEN

1 Grundrezept Haferbrei (Seite 14)
2 Tassen (220 g) Süßkartoffeln, geschält und in 5 mm große Würfel geschnitten
1 Esslöffel Olivenöl
½ Teelöffel schwarzer Pfeffer
¼ Teelöffel Meersalz
2 große Eier
30 Gramm Fontinakäse, gerieben

Den Backofen auf 200 °C vorheizen.
Die Süßkartoffelwürfel gut mit 1½ Teelöffel Olivenöl, Pfeffer und Salz vermischen. In einer Lage auf dem Backblech verteilen und etwa 20 Minuten weich backen.
Den Haferbrei ohne Ahornsirup und Vanillepulver zubereiten.
Die restlichen 1½ Teelöffel Olivenöl in einer Pfanne auf mittlerer Flamme erhitzen. Die Eier 2 Minuten darin braten, bis das Eiweiß fest ist. In der Pfanne wenden und weiterbraten, bis auch das Eigelb so fest ist, wie Sie es mögen. Sobald der Haferbrei fertig ist, den Käse unterrühren, bis er schmilzt.
Den Haferbrei auf zwei Schalen verteilen und mit den gebackenen Süßkartoffelwürfeln sowie je einem Spiegelei servieren.

TIPP *Auch mit Butternut-Kürbis (statt der Süßkartoffeln) schmeckt diese herzhafte Haferbrei-Variante sehr lecker.*

Frittata

Für viele Gerichte verwende ich Eier, da mein Mann sie mag und ich sie gern zubereite. Er ist kein Vegetarier und fühlt sich einfach besser, wenn er viel Eiweiß zu sich nimmt. Daher gibt es bei uns unter der Woche zum Frühstück meistens Eier in der einen oder anderen Form. Dann mache ich z. B. Spiegelei und Käsesandwich für meinen Mann, der schnell aus dem Haus muss. Ich kann mir (glücklicherweise) etwas länger Zeit lassen und brate mir ein Omelett (siehe Seite 30 ff.) oder mache mir eine Frittata.

Frittata ist für mich eine Art schnelle Quiche, denn sie ist im Handumdrehen fertig. Sie können Frittata ganz nach Geschmack und Belieben variieren, indem Sie sie z. B. mit frischen Kräutern und etwas Käse bestreuen. Die traditionelle italienische Frittata wird mit Gemüse zubereitet und manchmal sogar mit Nudeln. Ich nehme dafür auch gern Getreidesorten wie Quinoa, Hirse oder Gerste. Eine Frittata ist zudem ideal zur Resteverwertung.

Übrig gebliebene Frittata ein paar Tage lang im Kühlschrank aufbewahren. In Italien wird daraus häufig mit ein paar Salatblättern ein leckeres Sandwich gemacht. Oder man wärmt sie im Backofen etwa 8 Minuten zugedeckt bei 200 °C auf und serviert sie zu einem knackigen Salat.

Grundrezept Frittata

ERGIBT: : 4 PORTIONEN

1½ Teelöffel Olivenöl
8 große Eier
½ Tasse (120 ml) Vollmilch
½ Teelöffel Meersalz
½ Teelöffel schwarzer Pfeffer
60 Gramm Käse Ihrer Wahl, gerieben

Den Backofen auf 220 °C vorheizen.
Das Olivenöl in einer kleinen Pfanne erhitzen. In einer großen Schüssel Eier, Milch, Salz und Pfeffer verrühren. In die Pfanne gießen und 5 Minuten stocken lassen, bis die Frittata an der Unterseite fest wird. Den Käse darauf verteilen. Die Pfanne in den Backofen stellen und weitere etwa 15 Minuten backen, bis die Frittata aufgegangen ist, an der Oberfläche keine Bläschen mehr zeigt und leicht zu bräunen beginnt. Aus dem Backofen nehmen, abkühlen lassen und erst danach in Stücke schneiden.

TIPP *Auch mit geriebenem Obst schmeckt Frittata sehr lecker.*

FRÜHLING

Mit Spargel und Ziegenkäse

ERGIBT: 4 PORTIONEN

1 Grundrezept Frittata (Seite 17)
1 Esslöffel Olivenöl
¼ Tasse (25 g) Frühlingszwiebeln, in feine Ringe geschnitten
230 Gramm grüner Spargel, in Würfel geschnitten
¼ Teelöffel Chiliflocken
90 Gramm weicher Ziegenkäse

Das Olivenöl in einer Pfanne bei mittlerer Hitze erwärmen. Die Frühlingszwiebeln darin 3 Minuten anbraten, bis sie einen aromatischen Duft verströmen. Spargel sowie Chiliflocken dazugeben und 4 Minuten weitergaren, bis der Spargel hellgrün ist.
Die Frittata-Mischung verrühren, wie im Grundrezept angegeben, und über das Gemüse geben. Den Ziegenkäse darüberstreuen, bevor Sie die Frittata in den Backofen stellen.

SOMMER

Mit Mais und rotem Paprika

ERGIBT: 4 PORTIONEN

1 Grundrezept Frittata (Seite 17)
1 Esslöffel Olivenöl
¼ rote Zwiebel, fein gehackt
½ rote Paprikaschote, ohne Kerne und weiße Innenhäute, in Würfel geschnitten
1 Tasse (140 g) Maiskörner (von 1 großen Maiskolben)
2 Esslöffel Koriandergrün, fein gehackt
90 Gramm Cotijakäse, zerdrückt (ersatzweise Feta)
1 reife Avocado, entkernt, geschält und in Spalten geschnitten (zum Belegen)
Limettenspalten zum Belegen (Menge nach Geschmack)

In einer Pfanne das Olivenöl erhitzen. Zwiebeln und Paprikaschote 4 Minuten darin anbraten, bis die Zwiebel weich ist. Die Maiskörner dazugeben und weitere 6 Minuten garen. Die Gemüse-Mischung in eine Schüssel geben, das Koriandergrün hinzufügen und gut verrühren.
Die Frittata nach dem Grundrezept zubereiten. Bevor Sie die Frittata in den Ofen stellen, die Paprika-Mais-Mischung gleichmäßig darauf verteilen. Den Käse darüberkrümeln. Mit Avocado- und Limettenspalten belegt servieren.

Frittata mit Knoblauch, Spinat und Quinoa >

HERBST

Mit Knoblauch, Spinat und Quinoa

ERGIBT: 4 PORTIONEN

1 Grundrezept Frittata (Seite 17)
1 Esslöffel Olivenöl
1 Knoblauchzehe, fein gehackt
2 Tassen (80 g) frischer Spinat, klein geschnitten
½ Tasse (70 g) gekochte Quinoa
90 Gramm Mozzarellakäse, klein geschnitten

Das Olivenöl in einer Pfanne erhitzen. Knoblauch darin 1 Minute braten, bis er einen aromatischen Duft verströmt. Vom Herd nehmen und den Spinat einrühren. Mit Deckel 3 Minuten stehen lassen, bis der Spinat zusammengefallen ist. Dann den Spinat in eine Schüssel geben, Quinoa einrühren und beiseitestellen.
Die Frittata-Mischung zubereiten, wie im Grundrezept beschrieben. Den Spinat gleichmäßig darauf verteilen, bevor Sie die gebackene Frittata in den Ofen stellen. Mit Mozzarellakäse bestreuen und fertig backen.

WINTER

Mit Kürbiscurry und Havartikäse

ERGIBT: 4 PORTIONEN

1 Grundrezept Frittata (Seite 17)
2 Tassen (200 g) Butternut-Kürbis, entkernt und in Würfel geschnitten
½ weiße Zwiebel, in Ringe geschnitten
¼ Tasse (50 g) Naturjoghurt
2 Esslöffel Currypulver
½ Tasse (75 g) gekochte Hirse
60 Gramm Havartikäse, gerieben

Den Backofen auf 200 °C vorheizen.
In einer Auflaufform Kürbiswürfel, Zwiebelringe, Joghurt und Currypulver verrühren. Den Kürbis etwa 20 Minuten backen, bis er weich ist, wenn Sie ihn mit einem Messer anstechen. Aus dem Ofen nehmen, die gekochte Hirse einrühren und beiseitestellen.
Nun die Frittata-Mischung zubereiten. Gießen Sie die Eimischung in die Pfanne und lassen Sie sie stocken, wie im Grundrezept beschrieben. Die Currymischung darauf verteilen, bevor Sie die Frittata in den Backofen stellen. Mit dem geriebenen Havartikäse bestreuen und fertig backen.

Muffins

Als ich noch aufs College ging, legte ich so viele Kurse wie möglich auf die Nachmittagsstunden – nicht etwa, weil ich länger schlafen wollte, sondern weil ich am Vormittag immer noch meine Vorbereitungen machen musste. Ich bin absolut kein Nachmittagsarbeiter. Nach dem Mittagessen bin ich meistens unglaublich müde. Wenn ich etwas auf die Reihe bekommen will, muss ich es morgens erledigen. Und natürlich bin ich dann vorher immer schnell zum Bäcker gegangen, um mir einen großen Milchkaffee und einen Muffin zu holen. Mittlerweile habe ich Muffins sozusagen in gesunde Leckereien „umgewandelt".

Statt weißen Industriezuckers und stark ausgemahlenen Mehls nehme ich Vollkornmehl und natürliche Süßungsmittel wie Ahornsirup oder Agavendicksaft. Die Muffins werden dadurch etwas schwerer, aber die natürlichen Zutaten schenken uns ein viel reichhaltigeres Geschmackserlebnis. Vollkornmehl gibt es in verschiedenen Ausmahlgraden. Besonders lecker ist das frisch gemahlene Korn, bei dem keine Vitalstoffe verloren gehen. In den meisten Naturkostläden bekommen Sie frisch gemahlenes Getreide, aber auch im Supermarkt sind mittlerweile Vollkornmehle erhältlich. Beim Kauf sollten Sie jedoch unbedingt auf biologischen Anbau achten, denn schließlich wollen Sie die Giftstoffe der Pflanzenschutzmittel nicht in Ihrem Mehl haben.

Ich friere Muffins auch gern ein, zum Auftauen lege ich sie einfach bei Zimmertemperatur auf einen Teller. Und natürlich können Sie das Grundrezept ganz nach Belieben mit Beeren, Schokoflocken oder anderen Leckereien abwandeln.

Grundrezept Muffins

ERGIBT: 12 MUFFINS

2½ Tassen (300 g) Vollweizenmehl Type 1700
2 Teelöffel Weinstein-Backpulver
½ Teelöffel Meersalz
2 große Eier
¾ Tasse (180 ml) Vollmilch
½ Tasse (120 ml) natürliches Süßungsmittel wie Reismalz oder Ahornsirup
½ Tasse (110 g) Butter, zerlassen und abgekühlt
½ Teelöffel Vanillepulver oder naturreiner Vanilleextrakt

Den Backofen auf 190 °C vorheizen. Ein Muffinblech mit 12 Papierförmchen bestücken.

In einer großen Schüssel Mehl, Backpulver und Salz mischen.

In einer zweiten Schüssel Eier, Milch, Ahornsirup, zerlassene Butter und Vanillepulver verrühren. Die nassen Zutaten über die trockenen gießen und gut verrühren.

Den Teig gleichmäßig auf die 12 Förmchen verteilen. Im Backofen etwa 16 Minuten backen, bis die Muffins sich leicht wölben. Drücken Sie die Oberfläche vorsichtig etwas ein: Wenn sich der Teig wieder wölbt, sind die Muffins fertig. Herausnehmen und auf einem Gitter abkühlen lassen.

Die Muffins halten sich in einem luftdicht verschlossenen Behälter etwa 4 Tage. Wenn Sie sie länger aufbewahren wollen, müssen Sie sie einfrieren.

FRÜHLING

Mit Spinat und Ricotta

ERGIBT: 12 MUFFINS

1 Grundrezept Muffins (Seite 21)
1 Tasse (240 g) vollfetter Ricotta
1 Tasse (40 g) frischer Spinat, klein geschnitten
3 Esslöffel Schnittlauch, fein gehackt

Muffins nach dem Grundrezept zubereiten, dabei nur die Hälfte des Süßungsmittels und nur 120 Milliliter Milch verwenden.
Ricotta unter die nassen Zutaten rühren. Spinat und Schnittlauch unter den fertigen Teig heben und erst danach auf die Förmchen verteilen.

SOMMER

Mit Pekannüssen und Pfirsichen

ERGIBT: 12 MUFFINS

1 Grundrezept Muffins (Seite 21)
1 Teelöffel gemahlener Zimt
2 Pfirsiche (280 g),
geschält und in 5 mm große Würfel geschnitten
½ Tasse (50 g) Pekannüsse, gemahlen

Den Muffinteig zubereiten, wie im Grundrezept angegeben, dabei den Zimt unter die trockenen Zutaten mischen.
Pfirsichwürfel und Nussmehl unter den fertigen Teig heben. Erst danach auf die Förmchen verteilen.

TIPP *Die Pfirsiche werden aromatischer, wenn Sie sie zunächst 15 Minuten bei 200 °C in einer Auflaufform in den Backofen stellen, bevor Sie sie unter den Teig ziehen.*

< Muffins mit Äpfeln und Haferflocken

HERBST

Mit Äpfeln und Haferflocken

ERGIBT: 12 MUFFINS

1 Grundrezept Muffins (Seite 21)
2 Teelöffel gemahlener Zimt
je ½ Teelöffel Muskatnuss und Ingwer, gemahlen
¼ Teelöffel gemahlene Nelken
1½ Tassen (210 g) Apfelwürfel, etwa 5 mm groß
¼ bis ½ Tasse (25–50 g) Haferflocken

Muffins wie im Grundrezept zubereiten, dabei die Gewürze zu den trockenen Zutaten geben.
Die Apfelwürfel unter den fertigen Teig heben und danach auf die Förmchen verteilen. Vor dem Backen mit Haferflocken bestreuen.

WINTER

Mit Orangen und Mohn

ERGIBT: 12 MUFFINS

1 Grundrezept Muffins (Seite 21)
½ Tasse (120 ml) Orangensaft
abgeriebene Orangenschale (von einer Bio-Orange)
2 Esslöffel Mohnsamen

Glasur

3 Esslöffel Orangensaft
1 Esslöffel Honig

Die Muffins nach dem Grundrezept zubereiten, dabei 120 Milliliter Milch durch Orangensaft ersetzen.
Orangenschale und Mohnsamen zu den trockenen Zutaten geben. Den Teig auf die Förmchen verteilen.
Für die Glasur Orangensaft und Honig in einer kleinen Schüssel verrühren.
Die Muffins fertig backen und auf einem Gitter 5 Minuten abkühlen lassen. Dann die obere Seite der Muffins in die Glasur tauchen und ganz abkühlen lassen.

Granola-Parfait

An Granola habe ich mich lange Zeit nicht herangetraut, obwohl ich gut kochen und backen konnte. Ich habe mich nicht einmal nach Rezepten umgeschaut, denn ich dachte, dass es sich einfach nicht lohnen würde, Granola selbst zu machen. Doch als ich anfing, in der Bäckerei zu arbeiten, übertrug man mir genau das als erste Aufgabe: Ich sollte Granola machen. Und ich konnte kaum glauben, wie einfach es ist! Was hatte ich mir da all die Jahre entgehen lassen!

Lassen Sie sich nicht abschrecken und probierten Sie es aus! Sie werden bei den folgenden Rezepten feststellen, dass ich einfaches Granola mag – mit eher weniger Zutaten und ohne Trockenfrüchte. Grundsätzlich habe ich nichts gegen Trockenfrüchte, aber im Granola mag ich sie nicht. Wenn Sie anderer Meinung sind, können Sie Ihr Granola natürlich jederzeit mit getrockneten Aprikosen, Papayas oder Cranberrys aufpeppen!

Granola ist im Grunde sehr einfach herzustellen. Süßungsmittel und Getreideflocken der Wahl finden Sie im Naturkostladen oder Reformhaus. Ich schätze Roggen-, Kamut-, Dinkel- und Gerstenflocken besonders. Und natürlich können Sie die einzelnen Getreidesorten auch nach Belieben mischen.

Grundrezept Gesundes Granola

ERGIBT: 2 PORTIONEN ODER 440 GRAMM

2 Tassen (200 g) Großblatt-Haferflocken
1 Tasse (110 g) Pekannüsse
2 Messerspitzen Meersalz
¼ Tasse (60 ml) Ahornsirup
¼ Tasse (60 ml) Walnussöl
½ Teelöffel Vanillepulver oder naturreiner Vanilleextrakt

Den Backofen auf 150 °C vorheizen.
In einer Schüssel Haferflocken, Pekannüsse und Salz vermengen.
In einer zweiten Schüssel Ahornsirup, Walnussöl und Vanillepulver verrühren. Das Ganze über die Flocken gießen und alles gut vermengen, bis die Haferflocken mit Sirupmischung bedeckt sind.
Die Flocken auf einem Backblech verteilen und mit Backpapier oder Butterbrotpapier bedecken. Mit dem Nudelholz darüberrollen, sodass sich das Granola gleichmäßig auf dem Blech verteilt. Das Papier abnehmen. Granola 40 bis 50 Minuten backen. Nach der Hälfte der Backzeit das Blech herausnehmen und umgedreht (mit der Vorderseite nach hinten) wieder in den Ofen schieben, damit das Granola auf allen Seiten gleichmäßig bäckt. Wenn es an den Rändern braun zu werden beginnt, aus dem Ofen nehmen und auf dem Blech abkühlen lassen.
Anschließend in Stücke brechen und in einem luftdicht verschlossenen Behälter bei Zimmertemperatur aufbewahren, wo es gut eine Woche frisch bleibt.

TIPP *Verwenden Sie kein Backpapier auf dem Backblech und zudem kein dunkles Backblech. Darauf bräunt das Granola viel zu schnell.*

FRÜHLING

Granola-Parfait mit gebackenen Erdbeeren

ERGIBT: 2 PORTIONEN ODER 440 GRAMM GRANOLA

Gesundes Granola (Seite 24)
1 Tasse (100 g) Kamutflocken
1 Tasse (100 g) Mandelblätter

Parfait

2 Tassen (280 g) Erdbeeren, geviertelt
2 Esslöffel Honig
2 Tassen (480 g) Vollmilchjoghurt (wahlweise griechischer Joghurt)

Bereiten Sie das Granola nach dem Grundrezept zu. Ersetzen Sie dabei jeweils 100 Gramm der Haferflocken durch Kamutflocken und der Pekannüsse durch Mandeln.

Für das Parfait den Backofen auf 190 °C vorheizen. Die Erdbeeren gleichmäßig in einer Auflaufform verteilen und 20 Minuten backen. Honig darüberträufeln, gut durchmischen und abkühlen lassen.

Die gebackenen Erdbeeren in den Joghurt hineinrühren. Auf zwei Schalen verteilen und kühl stellen.

Zum Servieren mit jeweils ¼ Tasse (35 Gramm) Granola bestreuen.

SOMMER

Granola-Parfait mit Ingwer und Heidelbeeren

ERGIBT: 2 PORTIONEN ODER 440 GRAMM GRANOLA

1 Grundrezept Gesundes Granola (Seite 24)
½ Tasse (85 g) ungekochte Quinoa, eingeweicht
¼ Tasse (80 g) Honig

Parfait

3 Tassen (360 g) Heidelbeeren
1 Esslöffel Honig
1 Esslöffel Zitronensaft
2 Teelöffel frische Ingwerwurzel, fein gerieben
2 Teelöffel abgeriebene Bio-Zitronenschale
2 Tassen (480 g) Vollmilchjoghurt

Den Backofen auf 120 °C vorheizen.

Quinoa spülen, in einer dünnen Schicht auf ein mit Backpapier ausgelegtes Blech streuen und etwa 15 Minuten backen, bis die Flüssigkeit verdampft ist.

Granola wie im Grundrezept zubereiten, dabei die Pekannüsse durch Quinoa und den Ahornsirup durch Honig ersetzen.

Für das Parfait den Joghurt kühl stellen. Die Heidelbeeren mit Honig, Zitronensaft, Ingwer und Zitronenschale in einem flachen Topf verrühren. Auf mittlerer Hitze 5 Minuten leicht erwärmen, sodass die Heidelbeeren ihre Form behalten. Vom Herd nehmen, vollständig abkühlen lassen und unter den Joghurt ziehen.

Das Parfait auf zwei Schalen verteilen und mit je ¼ Tasse (35 Gramm) Granola bestreut servieren.

HERBST

Granola-Parfait mit Dinkel und Zimtäpfeln

ERGIBT: 2 PORTIONEN ODER 440 GRAMM GRANOLA

1 Grundrezept Gesundes Granola (Seite 24)
2 Tassen (200 g) Dinkelflocken
¼ Tasse (80 g) Zuckerrohrmelasse oder Sorghumsirup

Parfait

1 Esslöffel Butter
1 großer Apfel, ohne Kerngehäuse, geschält und in 5 mm große Würfel geschnitten
1 Teelöffel gemahlener Zimt
1 Esslöffel Ahornsirup
2 Tassen (480 g) Vollmilchjoghurt (wahlweise griechischer Joghurt)

Granola wie im Grundrezept angegeben zubereiten, dabei die Haferflocken durch Dinkelflocken ersetzen und den Ahornsirup durch Zuckerrohrmelasse oder Sorghumsirup.
Für das Parfait die Butter in einer Pfanne schmelzen. Die Apfelwürfel mit Zimt und Ahornsirup vermischen, weich garen und abkühlen lassen.
Den gekühlten Joghurt auf zwei Schalen verteilen, die Apfelwürfel darübergeben und mit 3 bis 4 Esslöffeln Dinkelgranola bestreut servieren.

WINTER

Granola-Parfait mit Haselnüssen und Granatapfel

ERGIBT: 2 PORTIONEN ODER 440 GRAMM GRANOLA

1 Grundrezept Gesundes Granola (Seite 24)
1 Tasse (100 g) Haselnüsse, mit der Haut grob zerkleinert
½ Teelöffel gemahlener Kardamom

Parfait

½ Tasse (120 ml) Granatapfelsaft
1 Esslöffel Honig
2 Tassen (480 g) Vollmilchjoghurt (wahlweise griechischer Joghurt)
¼ Tasse (40 g) Granatapfelkerne

Bereiten Sie das Granola zu, wie im Grundrezept beschrieben. Ersetzen Sie die Pekannüsse durch im Mixer zerkleinerte Haselnüsse und rühren Sie den Kardamom unter die trockenen Zutaten.
Für das Parfait Granatapfelsaft und Honig in einem kleinen Topf verrühren, zum Kochen bringen und 5 Minuten bei mittlerer Hitze einkochen, bis er auf die Hälfte reduziert ist. Abkühlen lassen und unter den gekühlten Joghurt ziehen.
Das Parfait auf zwei Schalen verteilen. Jeweils ¼ Tasse (35 Gramm) Granola und 2 Esslöffel Granatapfelkerne darübergeben und servieren.

Waffeln

Da sich meine Familie früher hauptsächlich von Fertigprodukten ernährt hat, nistete sich damals bei mir die Vorstellung ein, bestimmte Dinge könne man gar nicht selbst machen, weil das einfach zu schwierig sei. Waffeln z. B. gehörten für mich in diese Kategorie. Erst als ich mich dazu entschloss, keine Fertiggerichte mehr auf den Tisch zu bringen, wagte ich mich daran, Waffeln selbst zuzubereiten. Und wieder einmal fiel es mir wie Schuppen von den Augen: Selbst Waffeln zu backen ist gar nicht schwierig! Seitdem habe ich keine einzige Tiefkühlwaffel mehr gegessen.

Waffeln gehören heute zu meinen absoluten Lieblingsgerichten für ein ausgedehntes Frühstück am Wochenende. Mein Mann und ich bestreichen sie mit etwas Butter, geben frische Früchte darauf und 1 Spritzer Ahornsirup. (Und wenn's ganz üppig und sündig werden soll, dann gibt es dazu noch einen ordentlichen Löffel Eiscreme oder Sahne.)

Experimentieren Sie doch einmal mit unterschiedlichen Mehlsorten! Besonders im Herbst ist Hafermehl sehr lecker. Aber Sie können die Mehlsorten auch kombinieren und z. B. eine Mischung aus Weizen- und Roggenmehl verwenden. Nehmen Sie für den Teig möglichst Vollmilch: Die Waffeln werden knuspriger mit einer kleinen Extraportion Fett. (Wenn Sie pflanzliche Milch und pflanzliches Fett verwenden, geben Sie 1 bis 2 Esslöffel mehr Fett – wie etwa Kokosfett – dazu und nehmen Sie entsprechend weniger Milch.)

Grundrezept Waffeln

ERGIBT: 4 WAFFELN

1½ Tassen (180 g) Vollweizenmehl Type 1700 oder Weizenmehl Type 550
2 Teelöffel Weinstein-Backpulver
½ Teelöffel Meersalz
1 Tasse (240 ml) Vollmilch
2 große Eier
4 Esslöffel Butter, zerlassen und etwas abgekühlt
1 Esslöffel Ahornsirup
½ Teelöffel Vanillepulver oder naturreiner Vanilleextrakt

Heizen Sie das Waffeleisen vor.

Mehl, Backpulver und Meersalz in einer Schüssel gut vermengen.

In einer zweiten Schüssel Milch, Eier, zerlassene Butter, Ahornsirup und Vanillepulver verrühren.

Die nassen Zutaten über die trockenen gießen und vermischen, bis der Teig nahezu klümpchenfrei ist. Achten Sie darauf, den Teig nicht zu stark zu rühren!

Pro Waffel jeweils ein Viertel des Teigs in das Waffeleisen geben und nach Anleitung des Herstellers backen.

Die fertigen Waffeln im Backofen bei 90 °C bis zum Servieren warm halten. Mit Butter, Kokosmus, Ahornsirup, Früchten oder Sahne servieren.

FRÜHLING

Cheddar-Waffeln mit gebackenen Radieschen und Ei

ERGIBT: 4 PORTIONEN

1 Grundrezept Waffeln (Seite 27)
2 Bund Radieschen
2 Esslöffel Olivenöl
½ Teelöffel Meersalz
¼ Teelöffel schwarzer Pfeffer
1 Tasse (120 g) reifer Cheddarkäse, gerieben
4 Eier

Den Backofen auf 200 °C vorheizen.

Die Radieschen vierteln. Dann 1 Esslöffel Olivenöl, Salz und Pfeffer verrühren. Über die Radieschen gießen und gut einmassieren. Die Radieschen gleichmäßig auf einem tiefen Backblech verteilen und etwa 23 Minuten backen, bis sie weich, aber noch bissfest sind.

Die Waffeln nach dem Grundrezept zubereiten. Dabei den Cheddarkäse unter die nassen Zutaten rühren und wie beschrieben backen.

Anschließend 1 Esslöffel Olivenöl in eine Pfanne geben und erhitzen. Die Eier aufschlagen und auf jeder Seite 2 Minuten braten.

Jede Waffel großzügig mit gebackenen Radieschen belegen, 1 Ei daraufgeben und sofort servieren.

SOMMER

Roggenwaffeln mit Zitrone und Heidelbeeren

ERGIBT: 4 PORTIONEN

1 Grundrezept Waffeln (Seite 27)
4 Tassen (560 g) Heidelbeeren
2 Esslöffel Ahornsirup
1 Esslöffel Zitronensaft
1 Teelöffel abgeriebene Zitronenschale
(von einer Bio-Zitrone)
1 Tasse (120 g) Roggenmehl

Die Heidelbeeren mit Ahornsirup, Zitronensaft sowie Zitronenschale in den Mixer geben und 2- bis 3-mal die Pulse-Taste drücken, um daraus eine dicke, geschmeidige Paste herzustellen. In eine Schüssel geben und beiseitestellen.

Den Waffelteig zubereiten, wie im Grundrezept beschrieben, dabei 120 Gramm Weizenmehl durch das Roggenmehl ersetzen.

Zum Servieren die Heidelbeermasse auf die Waffeln häufen und mit Ahornsirup beträufelt auf den Tisch bringen.

HERBST

Haferwaffeln mit Ahorn-Kardamom-Pflaumen

ERGIBT: 4 PORTIONEN

1 Grundrezept Waffeln (Seite 27)
½ Tasse (50 g) Hafermehl
½ Tasse (50 g) Großblatt-Haferflocken
¼ Tasse (60 ml) Ahornsirup
400 Gramm Pflaumen,
entkernt und in dünne Scheiben geschnitten
1 Messerspitze gemahlener Kardamom

Bereiten Sie die Waffeln nach dem Grundrezept zu. Ersetzen Sie dabei ½ Tasse Weizenmehl durch das Hafermehl und die Haferflocken. Und geben Sie dafür 2 Esslöffel mehr Milch dazu.
Den Ahornsirup in einem Topf bei mittlerer Hitze erwärmen. Den Kardamom einrühren, die Pflaumen hineingeben und 5 Minuten garen, bis sie weich sind.
Bringen Sie die Waffeln frisch mit ein paar Löffeln Pflaumenmus auf den Tisch, wenn gewünscht mit 1 Extralöffel Ahornsirup.

WINTER

Maismehlwaffeln mit gebackener Grapefruit

ERGIBT: 4 PORTIONEN

1 Grundrezept Waffeln (Seite 27)
¾ Tasse (90 g) Maismehl
1 Grapefruit
2 Esslöffel Rapadura-Vollrohrzucker

Den Backofen auf 220 °C vorheizen.
Die Grapefruit schälen. Rundherum die Schale abschneiden und die weißen Innenhäute entfernen. Dann die Frucht in dünne Scheiben schneiden, auf einem tiefen Backblech verteilen, mit Rapadura bestreuen und etwa 15 Minuten backen, bis der Zucker karamellisiert ist. Beiseitestellen.
Die Waffeln backen, wie im Grundrezept beschrieben. Für den Teig ¾ Tasse (90 Gramm) Weizenmehl durch das Maismehl ersetzen.
Die fertigen Waffeln mit den gebackenen Grapefruitscheiben bedecken und heiß servieren.

Omelett

Wenn ich Ihnen nur eine einzige Frühstückskostlichkeit vorstellen könnte, würde ich mich für das Omelett entscheiden. Es ist einfach zuzubereiten und lässt sich mit Kräutern, Käse, Obst oder Gemüse vielseitig abwandeln. Außerdem sind Omeletts in Nullkommanichts fertig und sozusagen narrensicher: Selbst wenn Ihnen kein perfektes Omelett gelingt, haben Sie immer noch ein leckeres Eiergericht, das Sie Ihren Gästen anbieten können!

Bevor Sie sich jedoch ans Omelettbacken machen, sollten Sie in qualitativ hochwertige Küchenhelfer investieren, z. B. in eine kleine Pfanne. Ein Pfannenwender aus Holz oder Kunststoff leistet ebenfalls gute Dienste. Es gibt mittlerweile sogar Keramikpfannen, in denen garantiert nichts anbackt. Sie sind zwar etwas teurer, aber so gut, dass ich sie fürs Omelettbacken (und auch für die Crêpes, siehe Seite 168 ff.) nur empfehlen kann.

Wenn Sie Ihre Omeletts ganz hell mögen, können Sie statt des ganzen Eis im Grundrezept 3 bis 4 Eiweiß nehmen. Und was die im Rezept genannten Kräuter angeht: Dabei dürfen Sie Ihrer Fantasie freien Lauf lassen. Ob Sie nun je nach Saison Dill, Salbei, Majoran, Koriandergrün oder Fenchel verwenden – alle diese Kräuter erfreuen Ihren Gaumen. Ich habe meinen kleinen Kräutergarten auf dem Balkon in erster Linie angelegt, um für meine Omeletts immer frische, duftende Blättchen zur Hand zu haben.

Grundrezept Kräuteromelett

ERGIBT: 1 OMELETT

1½ Teelöffel Butter
2 große Eier
2 Esslöffel Vollmilch
1 Esslöffel frische Kräuter wie Basilikum, Thymian, Rosmarin oder Petersilie (gemischt oder einzeln)
2 Messerspitzen Meersalz
2 Messerspitzen schwarzer Pfeffer
½ bis 1 Esslöffel Käse, gerieben (wahlweise)

Die Butter in einer Pfanne auf niedriger Flamme zerlassen. Sobald die Butter geschmolzen ist, die Pfanne schwenken, bis der gesamte Pfannenboden gleichmäßig damit eingeölt ist.

In einer Schüssel Eier, Milch, Kräuter, Salz und Pfeffer verrühren, bis die Eimasse hell und schaumig aussieht.

Die Eimischung in die Pfanne geben. Nach 30 bis 60 Sekunden beginnt sie, an den Rändern zu stocken. Lösen Sie diese mit dem Pfannenwender und neigen bzw. drehen Sie die Pfanne so, dass das flüssige Ei an der Oberfläche zu den Rändern hin läuft. Den Vorgang wiederholen, bis die Eimasse vollständig gestockt ist.

Auf dieser Seite wird nun der Käse oder die restliche Füllung verteilt. Belegen Sie jeweils nur eine Hälfte des Omeletts damit! Die andere Hälfte falten Sie geschickt mit dem Pfannenwender darüber. Lassen Sie das Omelett noch 2 Minuten braten. Wenden Sie es dann mit dem Pfannenwender, um es erneut 1 Minute garen zu lassen. Nun sollte auch die Füllung fest sein.

Das Omelett auf einen Teller gleiten lassen und sofort servieren.

TIPP *Wenn Sie den Pfeffer weglassen und Kräuter mit zartem Aroma wie Basilikum oder Fenchel verwenden, schmeckt das Omelett auch mit Obst.*

Kräuteromelett mit grünen Peperoni, Zwiebeln und Avocado >

FRÜHLING

Mit Mangold, Frühlingszwiebeln und Mozzarella

ERGIBT: 1 OMELETT

1 Grundrezept Kräuteromelett (Seite 30)
1 Teelöffel Olivenöl
½ Esslöffel Frühlingszwiebeln, fein gehackt
½ Tasse (20 g) Mangold, ohne Stiele, fein gehackt
1 Esslöffel Mozzarellakäse

Das Olivenöl in einer kleinen Pfanne auf mittlerer Flamme erhitzen. Die Frühlingszwiebeln hineingeben und 2 Minuten anbraten, bis sie einen aromatischen Duft verströmen. Den Mangold dazufügen und 1 weitere Minute garen, bis er zusammenfällt. Aus der Pfanne nehmen und beiseitestellen. Das Omelett nach dem Grundrezept backen. Vor dem Umklappen den gegarten Mangold daraufgeben und den Mozzarella darüberstreuen.

SOMMER

Mit grünen Peperoni, Zwiebeln und Avocado

ERGIBT: 1 OMELETT

1 Grundrezept Kräuteromelett (Seite 30)
1 Teelöffel Olivenöl
½ grüne Peperoni, fein geschnitten
1½ Esslöffel rote Zwiebeln, fein gehackt
1 Esslöffel Koriandergrün
1 Esslöffel Cheddarkäse
½ reife Avocado, entkernt,
geschält und in Spalten geschnitten (zum Garnieren)

Das Olivenöl in einer kleinen Pfanne auf mittlerer Flamme erhitzen. Peperoni sowie Zwiebeln dazugeben und 7 Minuten anbraten. Anschließend in einer Schüssel mit dem Koriandergrün vermengen.
Das Omelett backen, wie im Grundrezept beschrieben. Vor dem Umklappen die Peperoni-Mischung mit dem Käse auf einer Hälfte verteilen. Mit Avocadospalten servieren.

HERBST

Mit Rosenkohl und Havartikäse

ERGIBT: 1 OMELETT

1 Grundrezept Kräuteromelett (Seite 30)
1 Teelöffel Olivenöl
2 Esslöffel Lauch, in dünne Ringe geschnitten
60 Gramm Rosenkohl, geputzt und in feine Streifen geschnitten
1 Esslöffel Havartikäse, gerieben

Das Olivenöl in einer kleinen Pfanne auf mittlerer Flamme erhitzen. Den Lauch dazugeben und 3 Minuten weich braten. Den Rosenkohl hinzufügen und weitere 3 Minuten weich braten. In eine Schüssel geben und beiseitestellen.
Das Omelett nach dem Grundrezept backen und mit der Kohlmischung füllen. Streuen Sie vor dem Umklappen noch den Käse darüber.

TIPP *In Olivenöl gebratener Rosenkohl bleibt bissfest. Wenn Sie ihn gern weicher mögen, geben Sie 1 bis 2 Teelöffel Wasser zu der Mischung und dünsten Sie das Gemüse weich.*

WINTER

Mit Fenchel, schwarzen Oliven und Fetakäse

ERGIBT: 1 OMELETT

1 Grundrezept Kräuteromelett (Seite 30)
1 Teelöffel Butter
15 Gramm rote Zwiebeln, in dünne Ringe geschnitten
15 Gramm frischer Fenchel, in dünne Stifte geschnitten
⅛ Teelöffel frischer Thymian, fein gehackt
1 Esslöffel schwarze Oliven, ohne Stein, klein geschnitten
1½ Teelöffel Fetakäse, zerkrümelt

Die Butter in einer kleinen Pfanne auf niedriger Flamme schmelzen lassen. Die Zwiebeln dazugeben und 3 Minuten weich braten. Fenchel in die Pfanne geben und weitere 4 Minuten garen, bis das Gemüse zu bräunen beginnt. Den Thymian unterrühren und die Mischung in einer Schüssel mit den schwarzen Oliven vermengen.
Das Omelett backen, wie im Grundrezept angegeben. Fenchelmischung und Feta über eine Hälfte geben, umklappen und weiterbacken.

Scones

Ich träume seit Jahren von meiner eigenen Bäckerei. Nach dem Collegeabschluss stellte ich mich zunächst in einer Bäckerei hinter die Ladentheke, doch bald bekam ich das Angebot, in Vollzeit als Bäckerin zu arbeiten, was ich dann auch lange Zeit getan habe. Alles, was ich aufschnappte, prägte ich mir gründlich ein. Ich ging zwar noch zur Uni, aber sobald ich meinen Abschluss hatte, fing ich an, nach einem Laden mit Backstube und angeschlossenem Café zu suchen. Das hat leider nicht geklappt, trotzdem blieb mir von diesem Abenteuer ein ganzer Stapel Rezepte von Speisen erhalten, die ich in meiner Bäckerei anbieten wollte. Und diese Scones gehören dazu!

Ein gutes Scone muss eine feste Kruste haben, innen ganz weich sein und gerade süß genug, dass es die Füllung zur Geltung bringt. Meine Scones gehören nicht gerade zu den kalorienarmen Köstlichkeiten, doch ganz ehrlich: Wenn Sie dabei mit Butter und Sahne sparen, werden Ihre Scones eben nur mittelmäßig. Stattdessen bringe ich diese Leckerei nur ab und zu auf den Tisch – vor allem, wenn ich frische Früchte übrig habe.

Grundrezept Sahnescones

ERGIBT: 8 SCONES

- **2¼ Tassen (270 g) Vollweizenmehl Type 1700 oder Weizenmehl Type 550**
- **2 Teelöffel Weinstein-Backpulver**
- **¼ Teelöffel Meersalz**
- **½ Tasse (110 g) Butter, gekühlt und in Würfel geschnitten**
- **1 großes Ei**
- **½ Tasse (120 ml) Konditorsahne (ersatzweise 50 Milliliter normale Schlagsahne mit 1 Esslöffel Doppelrahmfrischkäse oder 2 Esslöffeln Crème double)**
- **⅓ Tasse (80 ml) Ahornsirup**
- **1 Teelöffel Vanillepulver oder naturreiner Vanilleextrakt**
- **1½ Tassen (225 g) Früchte, fein geschnitten, sowie Schokotropfen (am besten von Rapunzel) oder eine Kombination aus beidem**

Den Backofen auf 220 °C vorheizen. Ein Blech mit Backpapier auslegen.

Mehl, Backpulver sowie Salz in die Küchenmaschine geben und mit der Pulse-Taste vermengen. Butter dazugeben und mit der Pulse-Taste zu einem bröseligen Teig verarbeiten. Wahlweise mit kalten Händen zu erbsengroßen Krümeln zerbröseln. In eine große Schüssel geben.

In einer zweiten Schüssel Ei, 90 Milliliter Sahne, Ahornsirup und Vanillepulver vermengen. Über die trockenen Zutaten gießen und verrühren.

Den Teig auf eine bemehlte Arbeitsfläche geben und zügig zu einem 30 x 15 Zentimeter großen Rechteck klopfen. Die frischen Früchte und/oder Schokotropfen darauf verteilen, dann den Teig zu einer Rolle formen. Diese auf etwa 2,5 Zentimeter flach drücken. Mit einem Messer in 8 Rechtecke oder Dreiecke schneiden.

Die Scones mit etwa 3 Zentimeter Abstand auf das Backpapier setzen. Mit der restlichen Sahne bestreichen und etwa 18 Minuten backen, bis sie auf Druck nicht mehr nachgeben und eine schöne goldene Farbe haben. Aus dem Ofen nehmen und auf einem Gitter auskühlen lassen. In einem dicht schließenden Gefäß sind sie bei Zimmertemperatur etwa 3 Tage haltbar. Sollen sie länger halten, müssen sie in den Gefrierschrank.

FRÜHLING

Mit Aprikosen und Erdbeeren

ERGIBT: 8 SCONES

1 Grundrezept Sahnescones (Seite 34)
¾ Tasse (120 g) frische Aprikosen, in Würfel geschnitten
½ Tasse (65 g) Erdbeeren, geviertelt
Mark von 1 Vanilleschote

Etwa 2 bis 3 Stunden, bevor Sie die Scones backen, die Aprikosen und Erdbeeren vorbereiten und in den Gefrierschrank stellen. Sobald die Früchte gefroren sind, die Scones nach dem Grundrezept zubereiten.
Das Mark der Vanilleschote zu den trockenen Zutaten geben. Die gefrorenen Früchte auf dem Teig verteilen und zügig wie beschrieben weiterverarbeiten.

SOMMER

Mit Mandeln und Kirschen

ERGIBT: 8 SCONES

1 Grundrezept Sahnescones (Seite 34)
1 Tasse (140 g) Kirschen, entsteint und geviertelt
¼ Tasse (30 g) Mandelblätter oder -stifte

Die Scones nach dem Grundrezept zubereiten. Dabei die Kirschen und Mandelstifte als Füllung verwenden.

HERBST

Mit Kürbis, Roquefort und Rosmarin

ERGIBT: 8 SCONES

1 Grundrezept Sahnescones (Seite 34)
2 Tassen (280 g) Butternut-Kürbis, entkernt und in 5 mm große Würfel geschnitten
1 Esslöffel Olivenöl
60 Gramm Roquefort- oder anderer Blauschimmelkäse, zerkrümelt
1 Esslöffel frischer Rosmarin, fein gehackt

Bevor Sie die Scones zubereiten, den Backofen auf 220 °C vorheizen.
Die Kürbiswürfel in einer Lage auf ein mit Backpapier ausgelegtes Blech geben und mit Olivenöl beträufeln. Kürbis 25 Minuten lang backen, bis er weich ist, und gut abkühlen lassen.
Die Scones nach dem Grundrezept zubereiten, dabei aber das Vanillepulver weglassen. Geben Sie Kürbis, Roquefort sowie Rosmarin zu den nassen Zutaten und verrühren Sie diese gut. Erst danach weiterverarbeiten.
Wenn Sie weniger Ahornsirup verwenden wollen, müssen Sie stattdessen die entsprechende Menge an Sahne dazugeben.

WINTER

Mit Zitrone und Mohnsamen

ERGIBT: 8 SCONES

1 Grundrezept Sahnescones (Seite 34)
2 Esslöffel Mohnsamen
2 Esslöffel abgeriebene Zitronenschale (von einer Bio-Zitrone)
3 Esslöffel Zitronensaft

Guss

½ Tasse (60 g) Puderzucker
1 Esslöffel Zitronensaft
1 Teelöffel abgeriebene Zitronenschale (von einer Bio-Zitrone)

Bereiten Sie die Scones wie im Grundrezept zu. Geben Sie dabei Mohnsamen und Zitronenschale zu den trockenen Zutaten, den Zitronensaft zu den nassen. Und nehmen Sie 3 Esslöffel weniger Konditorsahne als angegeben.
Für den Guss verrühren Sie Puderzucker, Zitronensaft und Zitronenschale in einer Schüssel.
Die Scones jeweils mit etwa 1 Teelöffel Guss glasieren, sobald sie leicht abgekühlt sind.

Porridge

Porridge war mir lange Zeit völlig fremd. Als Kind kannte ich das Wort nur aus Büchern und aß diese „Pampe" allein schon deswegen nicht, weil sie wie Brei aussah und ich ja schließlich „kein Baby" mehr war. Dann fing ich allmählich an, mich für vollwertiges Getreide zu interessieren. Irgendwann servierte mir jemand ein Amaranth-Porridge und ich war begeistert davon. Damals experimentierte ich viel mit unterschiedlichen Getreidesorten, doch als ich dann selbst Amaranth kochte, wurde kein körniges Gericht daraus, sondern nur ein Brei. Das brachte natürlich mein geplantes Menü komplett durcheinander, doch viele geniale Gerichte sind schließlich irgendwann aus Fehlern entstanden. Und mir wurde plötzlich klar, dass man mit Porridge aus verschiedenen Getreidesorten jede Menge wunderbare Gerichte zaubern kann.

Manche Getreidesorten wie Teff und Amaranth verwandeln sich gekocht ohne weiteres Zutun zu einer cremigen Speise. Andere Sorten wie Weizen oder Hirse müssen gemahlen werden, wenn es cremig werden soll. (Ich nehme übrigens immer eine alte Kaffeemühle, um das Getreide für den Brei ganz frisch zu mahlen.) Wenn Sie das volle Korn nicht aufbrechen wollen, sollten Sie es zumindest einweichen. Ansonsten müssen Sie es wahrlich stundenlang kochen, bevor es weich wird! Zudem lassen sich so die Nähr- und Vitalstoffe besser aufschließen. Probieren Sie ruhig verschiedene Getreidesorten aus, denn jede hat ihren eigenen Reiz, was Biss und Geschmack angeht.

Grundrezept Getreideporridge

ERGIBT: 1 BIS 2 PORTIONEN

½ Tasse (90 g) Amaranth
1 Tasse (240 ml) Wasser
2 Esslöffel Vollmilch
2 Teelöffel Ahornsirup
¼ Teelöffel Vanillepulver oder naturreiner Vanilleextrakt
2 Messerspitzen Meersalz

Weichen Sie den Amaranth über Nacht ein. Gießen Sie ihn am nächsten Morgen durch ein sauberes Mulltuch ab. Anschließend Amaranth mit Wasser, Milch, Ahornsirup, Vanillepulver und Salz in einen Topf geben und zum Kochen bringen. Die Hitze reduzieren und 15 Minuten köcheln lassen. Vom Herd nehmen und weitere 10 Minuten ziehen lassen.
Wenn der Brei zu dick geworden ist, noch etwas Wasser oder Milch dazugeben.

Quinoa-Porridge mit Cranberrys

FRÜHLING

Emmerbrei mit Ingwer-Rhabarber

ERGIBT: 2 PORTIONEN

½ Tasse (90 g) Emmer
½ Tasse (55 g) Rhabarber, in Würfel geschnitten
¾ Tasse (180 ml) Milch
¾ Tasse (180 ml) Wasser
1 Esslöffel frische Ingwerwurzel, fein gerieben
3 Esslöffel Ahornsirup

Den Emmer im Mixer oder in der Kaffeemühle grob schroten. Mit allen anderen Zutaten in einen kleinen Topf geben und zum Kochen bringen. Anschließend auf kleiner Flamme etwa 35 Minuten köcheln lassen, bis das Korn weich ist.

SOMMER

Pikante Hirse mit Tomaten und Ei

ERGIBT: 2 PORTIONEN

Porridge

½ Tasse (90 g) Hirse
1½ Tassen (360 ml) Wasser
¼ Teelöffel Meersalz
½ Tasse (120 ml) Vollmilch
30 Gramm Cheddarkäse, gerieben

Zum Belegen

1 Esslöffel Olivenöl
2 Tassen (280 g) Kirschtomaten
2 Esslöffel Basilikum, in feine Streifen geschnitten
¼ Teelöffel Meersalz
¼ Teelöffel schwarzer Pfeffer
2 Eier, pochiert oder gebraten

Für das Porridge Hirse in einen Topf geben und auf mittlerer Flamme 2 Minuten anrösten. Mit Wasser aufgießen, Salz dazugeben und zum Kochen bringen. Dann auf kleiner Flamme etwa 25 Minuten köcheln lassen, bis das Wasser verkocht ist. Dabei immer wieder umrühren.

Für den Belag Olivenöl in einer Pfanne auf mittlerer Flamme erwärmen. Die Kirschtomaten darin etwa 4 Minuten lang weich garen und gelegentlich umrühren. Mit einem Holzlöffel die heißen Tomaten zerdrücken. Vom Feuer nehmen und mit Basilikum, Salz und Pfeffer abschmecken.

Sobald die Hirse gar ist, vom Feuer nehmen und Milch sowie Käse dazugeben. Je nach gewünschter Konsistenz mehr oder weniger Milch nehmen.

Die Hirse auf zwei Schalen verteilen, Tomaten darübergeben und mit einem Ei belegt servieren.

HERBST

Quinoa-Porridge mit Cranberrys

ERGIBT: 2 BIS 3 PORTIONEN

Quinoa

1 Tasse (180 g) Quinoa
1 Tasse (240 ml) Wasser
1½ Tassen (360 ml) Vollmilch
½ Teelöffel Vanillepulver oder naturreiner Vanilleextrakt

Cranberrys

2 Tassen (220 g) frische oder tiefgekühlte Cranberrys
1 Tasse (120 g) Apfel, grob gerieben
3 Esslöffel Ahornsirup
½ Teelöffel Zimt
2 Esslöffel Pekannusskerne, zerdrückt

Für das Quinoa-Porridge alle Zutaten in einen Topf geben, zum Kochen bringen, die Hitze reduzieren und bedeckt etwa 12 Minuten kochen lassen, bis fast die gesamte Flüssigkeit aufgesogen ist. Vom Feuer nehmen und weitere 5 Minuten quellen lassen.
Für die Cranberrymischung Cranberrys, Apfel, Ahornsirup und Zimt in einen Topf geben und bei mittlerer Hitze 5 Minuten lang garen, bis die Cranberrys ihren Saft abgegeben haben.
Quinoa auf Schalen verteilen, die Cranberrymischung darübergeben und mit zerdrückten Pekannusskernen bestreut servieren.

TIPP *Auch mit 3 Esslöffeln Ahornsirup und den Äpfeln werden die Cranberrys noch säuerlich schmecken. Für ein süßeres Porridge einfach mehr Ahornsirup dazugeben.*

WINTER

Buchweizen-Kasha mit Ahornsirup und Süßkartoffeln

ERGIBT: 2 BIS 3 PORTIONEN

Kasha

1 Tasse (240 ml) Wasser
1 Tasse (240 ml) Milch
1 Tasse (160 g) Kasha (gerösteter Buchweizen)
¼ Teelöffel Meersalz
etwas Milch zum Übergießen (Menge nach Wunsch)

Topping

2 Tassen (240 g) Süßkartoffeln, geschält und in 5 mm große Würfel geschnitten
2 Esslöffel Ahornsirup
1 Esslöffel Butter
½ Teelöffel gemahlener Zimt
2 bis 3 Esslöffel Walnusskerne, zerdrückt

Für die Kasha Wasser und Milch in einem flachen Topf fast zum Aufwallen bringen, dann den Buchweizen sowie das Salz hineinrühren und etwa 12 Minuten lang weich kochen, bis nahezu die gesamte Flüssigkeit verdampft ist.
Für das Topping die Süßkartoffelwürfel 7 Minuten lang weich dünsten. In eine Schüssel geben und mit Ahornsirup, Butter sowie Zimt verrühren. Die Butter sollte schmelzen. Die Süßkartoffelwürfel unter den Buchweizenbrei rühren.
Mit etwas Milch übergossen und mit Walnüssen bestreut servieren.

TIPP *Ich mag gern gerösteten Buchweizen, wenn der Röstgeschmack jedoch nicht so stark hervortreten soll, können Sie auch ungerösteten Buchweizen verwenden.*

Quiche

Ich habe die Quiche zwar in das Frühstückskapitel aufgenommen, aber sie schmeckt natürlich auch zu jeder anderen Tageszeit. Mit einem Salat können Sie sie ebenso gut als Mittag- oder Abendessen servieren. Und wie Frittata (Seite 17 ff.) lässt sich auch eine Quiche vielfältig abwandeln.

Der Hauptunterschied zwischen beiden Eiergerichten ist der Teigmantel der Quiche. Für den Teig verwende ich statt gehärteter Margarine lieber Sahne oder Butter. Sie können ihn aber auch mit Pflanzenöl zubereiten. Backen Sie den Mürbeteig am besten im Voraus, z.B. bereits am Vorabend, wenn Sie die Quiche am nächsten Morgen zum Frühstück essen wollen.

Quiche lässt sich gut aufbewahren. Wenn Sie sie zugedeckt in den Kühlschrank stellen, bleibt sie etwa 1 Woche frisch.

Grundrezept Quiche

ERGIBT: 8 BIS 10 PORTIONEN

Teigschale

1¼ Tassen (150 g) Vollweizenmehl Type 1700 oder Weizenmehl Type 550
¼ Teelöffel Meersalz
6 Esslöffel (90 g) kalte Butter
30 Gramm Doppelrahmfrischkäse
3 Esslöffel kaltes Wasser
1 Esslöffel Ahornsirup

Füllung

8 große Eier
2½ Tassen (600 ml) Vollmilch
½ Teelöffel Meersalz
½ Teelöffel schwarzer Pfeffer
120 Gramm Hartkäse, gerieben

Für die Teigschale Mehl und Salz in einer Schüssel verrühren. Butter und Frischkäse mit kühlen Händen einarbeiten, bis der Teig bröselig ist. Wasser und Ahornsirup hinzufügen und verkneten, bis der Teig gut bindet. Auf eine bemehlte Arbeitsfläche geben und rund ausrollen. In Plastikfolie einschlagen und im Kühlschrank 20 Minuten auskühlen lassen.

Den Backofen auf 220 °C vorheizen.

Den Teig noch einmal ausrollen und eine Quicheform von 28 Zentimetern Durchmesser damit auslegen. Die Teigschale etwa 10 Minuten backen, bis sie hellbraun ist. Aus dem Ofen nehmen und auf einem Gitter abkühlen lassen. Den Backofen auf 190 °C herunterschalten.

Für die Füllung Eier, Milch, Salz und Pfeffer in einer großen Schüssel verrühren. Wenn Sie zusätzlich andere Zutaten für die Füllung verwenden wollen, diese gleichmäßig auf der Teigschale verteilen. Die Eimischung darübergießen. Mit geriebenem Käse bestreuen und 45 bis 55 Minuten backen, bis die Eimasse fest geworden ist. Aus dem Backofen nehmen und vor dem Anschneiden etwa 10 Minuten abkühlen lassen.

Zum Aufwärmen die Quiche mit Alufolie abdecken und bei 170 °C noch einmal etwa 18 Minuten backen.

FRÜHLING

Mit Frühlingszwiebeln und Erbsensprossensalat

ERGIBT: 8 BIS 10 PORTIONEN

1 Grundrezept Quiche (Seite 40)
1 Bund Frühlingszwiebeln, klein geschnitten
1 mittelgroße Schalotte, klein geschnitten
¼ Tasse (12 g) Schnittlauch, fein gehackt
120 Gramm Fontinakäse, gerieben (ersatzweise Butterkäse)

Salat

2 Tassen (40 g) Erbsensprossen (ersatzweise Bohnensprossen)
2 Esslöffel geröstete Pinienkerne
1 Esslöffel Olivenöl
2 Teelöffel Zitronensaft
2 Teelöffel Honig
¼ Teelöffel Meersalz
¼ Teelöffel schwarzer Pfeffer

In einer kleinen Schüssel Frühlingszwiebeln, Schalotten und Schnittlauch vermengen.
Die Quiche zubereiten, wie im Grundrezept angegeben.
Die Zwiebelmischung vor dem Einfüllen der Eimasse auf dem Boden der Teigschale verteilen und mit Fontinakäse bestreut in den Backofen schieben.
Für den Salat: Während die Quiche bäckt, die Erbsensprossen und Pinienkerne in eine Schüssel geben. In einer Tasse Olivenöl, Zitronensaft, Honig, Salz und Pfeffer mit dem Schneebesen zu einer glatten Salatsauce verrühren. Über die Erbsensprossen geben und gut durchmengen.
Sobald die Quiche fertig ist, in Stücke schneiden, auf flache Teller geben, den Salat auf den Stücken verteilen und servieren.

SOMMER

Mit Kartoffelhaschee

ERGIBT: 8 BIS 10 PORTIONEN

1 Grundrezept Quiche (Seite 40)
2 Tassen (220 g) rote Kartoffeln, in 5 mm große Würfel geschnitten
½ rote Paprikaschote, ohne Kerne und weiße Innenhäute, in Würfel geschnitten
½ mittelgroße rote Zwiebel, in Würfel geschnitten
1 Esslöffel Olivenöl
½ Teelöffel Meersalz
¼ Teelöffel schwarzer Pfeffer
1 Esslöffel frischer Rosmarin, fein gehackt
90 Gramm Ziegenkäse

Den Backofen auf 220 °C vorheizen.
Kartoffel-, Paprika- und Zwiebelwürfel mit Olivenöl, Meersalz und schwarzem Pfeffer vermengen. Die Mischung in eine Auflaufform oder auf ein mit Backpapier ausgelegtes Backblech geben und etwa 35 Minuten backen, bis die Kartoffeln braun und gar sind. Abkühlen lassen.
Die Quiche nach dem Grundrezept zubereiten.
Die Kartoffelmischung auf dem Teigboden verteilen und den gehackten Rosmarin unter die Eimischung ziehen. Vor dem Backen mit zerkrümeltem Ziegenkäse bestreuen.

Quiche mit Brokkoli und Cheddarkäse

HERBST

Mit Brokkoli und Cheddarkäse

ERGIBT: 8 BIS 10 PORTIONEN

1 Grundrezept Quiche (Seite 40)
2 Tassen (140 g) Brokkoliröschen
2 Knoblauchzehen, fein gehackt
1 Esslöffel glatte Petersilie, fein gehackt
120 Gramm Cheddarkäse, gerieben

Die Brokkoliröschen im Dampfgarer 3 Minuten lang weich garen. In eine Schüssel geben und mit Knoblauch sowie Petersilie vermengen.

Die Quiche zubereiten wie im Grundrezept angegeben.

Den Brokkoli auf dem Boden der Teigschale verteilen, die Eimasse darübergießen und den Cheddarkäse darauf verteilen.

WINTER

Mit Grünkohl und Pfeffer

ERGIBT: 8 BIS 10 PORTIONEN

1 Grundrezept Quiche (Seite 40)
1 Esslöffel Olivenöl
½ mittelgroße gelbe Zwiebel, fein gehackt
2 Tassen (80 g) Grünkohl, ohne Stiele, in feine Streifen geschnitten
½ Teelöffel Chiliflocken
2 Esslöffel Wasser
120 Gramm Havartikäse, gerieben

Das Olivenöl in einer Pfanne auf mittlerer Flamme erhitzen und die Zwiebel darin unter gelegentlichem Umrühren 5 Minuten glasig braten. Den Grünkohl dazugeben, mit Chiliflocken würzen und mit dem Wasser aufgießen. Einen Deckel aufsetzen und den Grünkohl 1 Minute garen, bis er zusammenfällt.

Die Quiche nach dem Grundrezept zubereiten, die Grünkohlmischung auf dem Teigboden verteilen und den Havartikäse über die Eimischung streuen.

Dutch Baby

Dutch Baby mit Zitrone und Brombeeren

Bei uns gibt es eine Wochenend-Tradition: Entweder mein Mann und ich fahren an einen unbekannten Ort oder wir probieren etwas Neues aus. Dadurch frühstücken wir am Wochenende häufig außer Haus, was wir oft mit einem langen Brunch verbinden, den wir für unser Leben gern mögen. Zu Hause gibt es unter der Woche zum Frühstück Eier, Granola oder Haferbrei, aber am Wochenende verwöhnen wir uns mit Waffeln oder einem Dutch Baby.

Wenn Sie noch nie von diesem Gericht gehört haben: Es ist eine Art Pfannkuchen, der in einer Gusseisenpfanne im Ofen gebacken wird und wunderbar aufgeht. Ich mache Dutch Babys mittlerweile öfter als Waffeln oder Pancakes, weil man sie einfach in den Ofen schieben und 20 Minuten später eine Mahlzeit für 3 bis 4 Personen auf den Tisch bringen kann, ohne daneben stehen bleiben zu müssen. Es sieht nur auf den ersten Blick kompliziert aus, ein Dutch Baby zuzubereiten!

Stark ausgemahlenes Weizenmehl verleiht Ihrem Dutch Baby seinen leichten und luftigen Charakter, doch versuchen Sie es ruhig auch mit anderen Mehlsorten wie Roggen oder Hafer. Den Belag dürfen Sie allerdings erst daraufgeben, wenn Sie das Gebäck aus dem Ofen geholt haben. Belegen Sie ihn vorher, so geht der Pfannkuchen nicht auf. (Die einzige Ausnahme ist meine grüne Frühlingsvariante mit Erbsen.)

Grundrezept Dutch Baby

ERGIBT: 3 BIS 4 PORTIONEN

½ Tasse *plus* 2 Esslöffel (75 g) Vollweizenmehl Type 1700 oder Weizenmehl Type 550
½ Tasse (120 ml) Vollmilch
2 große Eier
2 Esslöffel Ahornsirup
1 Teelöffel abgeriebene Zitronenschale (von einer Bio-Zitrone)
½ Teelöffel Vanillepulver oder naturreiner Vanilleextrakt
2 Messerspitzen Meersalz
1 Esslöffel Butter

Den Backofen auf 200 °C vorheizen.
Mehl, Milch, Eier, Ahornsirup, Zitronenschale, Vanillepulver sowie Meersalz in den Mixer geben und 10 bis 15 Sekunden lang zu einem glatten Teig verarbeiten.
Die Butter in einer kleinen Gusseisenpfanne schmelzen lassen. Die Pfanne kurz schwenken, damit der gesamte Boden gleichmäßig bedeckt ist. Vom Feuer nehmen und den Teig hineingießen. Die Pfanne in den Ofen stellen und den Teig etwa 22 Minuten backen, bis er goldbraun ist.

TIPP *Sie können Ihr Dutch Baby auch in einer backofenfesten Pfanne mit 25 Zentimetern Durchmesser – dann aber nur etwa 18 Minuten – backen.*

FRÜHLING

Vielkorn mit Erbsen

ERGIBT: 3 BIS 4 PORTIONEN

1 Grundrezept Dutch Baby (Seite 43)
3 Esslöffel Roggenmehl
3 Esslöffel Hafermehl
¼ Tasse (30 g) Vollweizenmehl
½ Tasse (75 g) geschälte Erbsen
¼ Tasse (25 g) Frühlingszwiebeln, fein gehackt
30 Gramm Cheddarkäse, gerieben

Bereiten Sie den Teig nach dem Grundrezept zu. Verwenden Sie jedoch statt des im Grundrezept angegebenen Mehls die Vielkorn-Mehlmischung.
Nachdem Sie den Teig in die Pfanne gegossen haben, Erbsen, Frühlingszwiebeln und Käse darauf verteilen, bevor Sie die Pfanne in den Backofen stellen.

SOMMER

Mit Zitrone und Brombeeren

ERGIBT: 3 BIS 4 PORTIONEN

1 Grundrezept Dutch Baby (Seite 43)
¾ Tasse (75 g) Einkornmehl
2 Tassen (240 g) Brombeeren
2 Esslöffel Ahornsirup
1 Teelöffel abgeriebene Zitronenschale (von einer Bio-Zitrone)

Bereiten Sie den Teig zu, wie im Grundrezept beschrieben, und ersetzen Sie dabei das Weizenmehl durch Einkornmehl. Während der Pfannkuchen bäckt, Brombeeren, Ahornsirup sowie Zitronenschale in einem flachen Topf verrühren und 3 Minuten lang erwärmen, die Brombeeren dabei mit einer Gabel zerdrücken.
Die Brombeermischung auf das frisch gebackene Dutch Baby geben und sofort servieren.

HERBST

Mit Birne und Pekannüssen

ERGIBT: 3 BIS 4 PORTIONEN

1 Grundrezept Dutch Baby (Seite 43)
¼ Tasse (25 g) Pekannüsse, fein gemahlen
1 Esslöffel Butter
1 Birne, ohne Kerngehäuse, geschält und in Würfel geschnitten
1 Esslöffel Honig
1 Esslöffel Schlagsahne
1 Prise Zimt zum Bestreuen

Bereiten Sie das Dutch Baby nach dem Grundrezept zu und geben Sie die Pekannüsse zu dem Teig.
Während der Pfannkuchen bäckt, die Butter in einer Pfanne auf niedriger Flamme zerlassen. Birnenwürfel und Honig dazugeben und bei schwacher Hitze 10 Minuten garen, bis die Birnen weich sind. Die Sahne unterrühren.
Die Birnensahne jeweils auf den Pfannkuchen geben und mit 1 Prise Zimt bestreut servieren.

WINTER

Mit Kokosnuss und Kiwi

ERGIBT: 3 BIS 4 PORTIONEN

1 Grundrezept Dutch Baby (Seite 43)
1 Esslöffel abgeriebene Orangenschale (von einer Bio-Orange)
3 Kiwis, geschält und in Würfel geschnitten
3 Esslöffel ungesüßte Kokosflakes
1 Esslöffel Orangensaft
Honig zum Beträufeln (Menge nach Geschmack)

Bereiten Sie den Pfannkuchen nach dem Grundrezept zu und geben Sie dabei 2 Teelöffel Orangenschale zu dem Teig.
Während das Dutch Baby in der Pfanne bäckt, die Kiwiwürfel mit Kokosflakes, Orangensaft und der restlichen Orangenschale verrühren.
Die Kiwimischung auf das frisch gebackene Dutch Baby geben. Zum Schluss einen dünnen Faden Honig darüberlaufen lassen und sofort servieren.

TIPP *Bei diesem Dutch Baby habe ich den Ahornsirup durch Honig ersetzt. Damit schmeckt es einfach köstlich.*

3

Mittagessen oder leichtes Abendessen

Ich bin ein absoluter Morgenmensch und liebe jede Art von Frühstück, doch wenn ich ganz ehrlich bin: Aufs Mittagessen könnte ich auch nicht verzichten. Es gibt mir die Energie, die ich bis zum Abend brauche. Daher fällt mein Mittagessen meist üppiger aus als das Abendessen. Doch an einem hektischen oder anstrengenden Arbeitstag ist es natürlich nicht immer möglich, solch ein Mittagsmahl zu sich zu nehmen.

Als ich noch im Büro gearbeitet habe, versuchte ich stets, aus dem Mittagessen eine Oase der Ruhe im Chaos des Alltags zu machen. Nur in Ausnahmefällen habe ich mittags direkt am Arbeitsplatz gegessen, sondern bin meist in ein Restaurant gegangen und habe mir dafür mindestens eine Stunde freigenommen. Doch das geht natürlich schnell ins Geld, also machte ich mich auf die Suche nach Rezepten, die man in großen Mengen zubereiten und mitnehmen kann.

Die folgenden Rezepte können Sie auch für ein leichtes Abendessen verwenden und den Rest dann am nächsten Tag mit zur Arbeit nehmen. Die angegebenen Mengen sind vergleichsweise klein. Wenn Sie also auch für den nächsten Tag vorkochen wollen, sollten Sie sie verdoppeln. Aber probieren Sie es lieber vorher aus, das erspart Ihnen die Ungewissheit und den knurrenden Magen am nächsten Tag. Sie werden Ihr Mittagessen eher genießen können, wenn Sie etwas zum Mitnehmen parat haben, als wenn Sie morgens in aller Eile noch schnell ein Sandwich vorbereiten müssen.

< Panzanella (Brotsalat) mit Tomaten-Confit

Sobanudeln

Ein unkompliziertes Rezept für allerlei Gemüsereste sollte einfach jeder parat haben. Dafür können Sie jede Art von Grünzeug verwenden, das Sie in Ihrem Kühl- oder Vorratsschrank finden. Bevor ich am nächsten Tag einkaufen gehe, brate ich sämtliche Gemüsereste und vermische sie mit Nudeln. Dazu serviere ich Erdnusssauce oder einfach eine Marinade aus Knoblauch, Ingwer und Sojasauce. Oft bleibt auch noch etwas übrig für das nächste Mittagessen im Büro.

Für diesen Zweck sind Sobanudeln einfach perfekt. Ich liebe diese dünnen japanischen Nudeln und habe daher immer welche im Haus, aber das gilt auch für Udon- oder Reisnudeln. Sobanudeln werden aus Buchweizen und Weizen hergestellt. (Sie sind auch glutenfrei erhältlich!) Der Buchweizen verleiht ihnen einen nussigen Geschmack. Wenn Sie das nicht mögen, können Sie stattdessen auch auf Udonnudeln zurückgreifen. Sie bestehen nur aus Weizen und haben weniger Eigengeschmack. Ebenso glutenfrei sind Reisnudeln. Wollen Sie mehr Eiweiß zu sich nehmen, dann bereiten Sie die folgenden Rezepte einfach mit Kichererbsen- oder Linsennudeln zu, die Sie im Naturkostladen und Reformhaus bekommen.

Und was die Saucen angeht, sind Ihrer Fantasie keine Grenzen gesetzt. Ich liebe Erdnusssauce über alles, doch Sie können die Erdnussbutter nach Belieben auch durch andere Nussmuse ersetzen.

Grundrezept Sobanudeln mit Erdnusssauce

ERGIBT: 2 PORTIONEN

110 Gramm Sobanudeln
2 Esslöffel geröstete Sesamsamen
2 bis 3 Tassen (300–450 g) gedünstetes Gemüse

Erdnusssauce

2 Esslöffel Erdnussmus, ohne Stücke
1/4 Tasse (60 ml) natriumarme Gemüsebrühe oder Wasser (nur für erwärmte Sauce)
1 Esslöffel Honig
1/2 Teelöffel frische Ingwerwurzel, fein gerieben
1/4 Teelöffel Knoblauchpulver
2 Esslöffel Tamari- oder Sojasauce
1/2 Esslöffel Limettensaft
1 Prise Chiliflocken (wahlweise)

Einen Topf mit Wasser zum Kochen bringen. Die Nudeln ins Wasser geben und 5 Minuten kochen, bis sie weich sind. Abgießen, mit kaltem Wasser abschrecken und in eine Schale geben. Sesamsamen und Gemüse unterheben.

Für die Erdnusssauce in einer kleinen Schüssel alle Zutaten mit dem Schneebesen verrühren. In einen flachen Topf geben und auf niedriger Flamme kurz erwärmen, bis die Sauce leicht andickt. Abschmecken, über die Nudeln gießen und gut unterheben.

TIPP *Wenn Sie wenig Zeit haben und das Gemüse nicht extra zubereiten können, legen Sie die geputzten Gemüsestücke auf ein Backblech und beträufeln Sie sie mit 1 Esslöffel Olivenöl. Bei 220 °C etwa 20 Minuten backen. Und die Erdnusssauce müssen Sie nicht erwärmen. In diesem Fall nehmen Sie nur 2 Esslöffel Flüssigkeit – Gemüsebrühe bzw. Wasser.*

FRÜHLING

Mit Zuckererbsen und Erdnusssauce

ERGIBT: 2 PORTIONEN

1 Grundrezept Sobanudeln mit Erdnusssauce (Seite 48)
2 Tassen (180 g) Zuckererbsen, geputzt
1 Knoblauchzehe, fein gehackt
1 Esslöffel Sesamsamen
1 Esslöffel Olivenöl

Den Backofen auf 220 °C vorheizen.
In einer Auflaufform Zuckererbsen, Knoblauch, Sesamsamen und Olivenöl vermengen. Das Ganze zu einer dünnen Lage ausstreichen und 15 Minuten backen. Umrühren und weitere 10 bis 15 Minuten backen, bis die Zuckererbsen Blasen werfen.
Die gebackenen Zuckererbsen unter die Sobanudeln heben. Erdnusssauce einrühren und servieren.

TIPP *Die Zuckererbsen können Sie nach Belieben durch junge Markerbsen ersetzen.*

SOMMER

Mit Zucchini und Tahinsauce

ERGIBT: 2 PORTIONEN

1 Grundrezept Sobanudeln mit Erdnusssauce (Seite 48)
1 mittelgroße Zucchini
½ Teelöffel Meersalz
¼ Tasse (25 g) Frühlingszwiebeln, klein geschnitten (den grünen Teil zum Garnieren aufbewahren)
2 Esslöffel Tahin (Sesammus)
Koriandergrün, gehackt, zum Bestreuen
Limettenspalten zum Dekorieren

Die Zucchini mit dem Spiralschneider zu Spaghetti schneiden, mit Salz vermengen und in einer Schüssel 20 Minuten ziehen lassen. In ein Nudelsieb abgießen und anschließend vorsichtig die Flüssigkeit herausdrücken.
Die Sobanudeln zubereiten, wie im Grundrezept beschrieben.
Zucchinispaghetti und Frühlingszwiebeln mit den Nudeln vermengen. Die Erdnusssauce mit Tahin statt mit Erdnussmus zubereiten und unter die Nudeln heben. Mit Frühlingszwiebelgrün, Koriandergrün und Limettenspalten garniert servieren.

HERBST

Mit Rotkohl und Soja-Sesamsauce

ERGIBT: 2 PORTIONEN

Nudelschale

1 Esslöffel Sesamöl
1 Schalotte, fein gehackt
4 Tassen (300 g) Rotkohl, in feine Streifen geschnitten
110 Gramm Sobanudeln

Sauce

½ Tasse (120 ml) Kokosmilch
¼ Tasse (60 ml) natriumarme Gemüsebrühe
2 Esslöffel Sojasauce
2 Teelöffel frische Ingwerwurzel, fein gehackt
1 Esslöffel Honig

zum Bestreuen

2 Esslöffel geröstete Sesamsamen
2 Esslöffel Koriandergrün, fein gehackt

Für die Nudelschale das Sesamöl auf mittlerer Flamme in einer großen Pfanne erhitzen. Die Schalotten darin 2 Minuten anbraten, Rotkohl dazugeben und weitere 4 Minuten garen. Einen Topf mit Wasser zum Kochen bringen, die Nudeln darin 5 Minuten weich kochen. Abgießen, abschrecken und beiseitestellen.
Für die Sauce alle Zutaten mit dem Schneebesen gut verrühren und über die Kohlstreifen geben.
Die Hitze reduzieren, einen Deckel auf die Pfanne setzen und etwa 8 Minuten garen lassen, bis der Rotkohl weich ist. Vom Feuer nehmen und die Nudeln unterheben.
Mit geröstetem Sesamsamen und Koriandergrün bestreut servieren.

TIPP *Ich verwende für dieses Gericht gern Rotkohl, weil er ihm eine schöne rote Farbe verleiht, aber Sie können es natürlich auch mit Weißkohl, Wirsing oder Chinakohl zubereiten.*

WINTER

Mit Rosenkohl und Ingwersauce

ERGIBT: 2 PORTIONEN

Sauce

2 Esslöffel Tamari
2 Esslöffel Mirin (süßer Reiswein)
2 Esslöffel Honig
2 Esslöffel Granatapfelsaft
1 Knoblauchzehe, fein gehackt
2 Teelöffel frische Ingwerwurzel, fein gehackt

Nudelschale

1 Esslöffel Olivenöl
½ kleine rote Zwiebel, in dünne Ringe geschnitten
230 Gramm Rosenkohl, geputzt und klein geschnitten
3 Esslöffel Wasser
110 Gramm Sobanudeln
1 Esslöffel Sesamsamen zum Bestreuen

Für die Sauce alle Zutaten mit einem Schneebesen gründlich verrühren und beiseitestellen.
Für die Nudelschale in einer großen Pfanne das Olivenöl auf mittlerer Flamme erhitzen. Die Zwiebeln darin 4 Minuten glasig braten. Den klein geschnittenen Rosenkohl dazugeben und mit Wasser aufgießen. Einen Deckel aufsetzen und 6 Minuten dünsten, bis der Rosenkohl eine sattgrüne Farbe hat. Deckel abnehmen und die Sauce darübergießen. Die Hitze reduzieren und weitere 3 Minuten köcheln lassen, bis der Rosenkohl weich ist.
Einen Topf mit Wasser zum Kochen bringen, die Nudeln hineingeben und 5 Minuten weich kochen. Abgießen, abschrecken und zu dem Rosenkohl geben. Vorsichtig unterheben und mit Sesamsamen bestreut servieren.

TIPP *Wenn Ihnen die Sauce nicht ausreicht, nehmen Sie einfach die doppelte Menge der Zutaten.*

Gegrillte Käsesandwiches

Die Zubereitung von gegrilltem Käse ist ganz einfach, kann aber auch leicht danebengehen. Ich erinnere mich, dass ich als Teenager oft verbrannte Käsesandwiches fabriziert habe. Fast immer habe ich sie zu heiß gebraten, dadurch wurde das Sandwich kohlrabenschwarz, aber der Käse war nicht einmal geschmolzen.

Inzwischen habe ich mehr Erfahrung darin und kann mit Käse-Sandwiches eine perfekte Mahlzeit zaubern, vor allem nach der Arbeit. Ich habe stets mehrere Sorten Käse im Kühlschrank. Und wenn man erst mal weiß, wie es geht, ist es wirklich ganz einfach. (Sogar mein Mann bringt mittlerweile Käse-Sandwiches zustande.)

Bei solch einfachen Gerichten ist die Auswahl der Zutaten natürlich ganz entscheidend. Wählen Sie Brotsorten, die außen leicht knusprig werden und einen Käse, der gut schmilzt. Ich liebe Sauerteigbrote aus Weizen mit Havarti-, Taleggio- oder Fontinakäse. Manchmal verwende ich aber auch etwas Brie, Gorgonzola oder einen anderen Blauschimmelkäse für ein besonderes Aroma.

Grundrezept Gegrilltes Käsesandwich

ERGIBT: 2 SANDWICHES

4 Scheiben Weizen-Sauerteigbrot
1 Knoblauchzehe
1 bis 2 Esslöffel weiche Butter
60 Gramm Havartikäse, in Scheiben geschnitten
60 Gramm Taleggiokäse, in Stücke geschnitten

Eine Grillpfanne bei mittlerer Hitze erwärmen. Die Knoblauchzehe schälen und halbieren. Mit der Schnittfläche jede Brotscheibe von beiden Seiten einreiben. Jeweils eine Brotseite mit Butter bestreichen.

Eine Brotscheibe mit der gebutterten Seite nach unten in die Pfanne legen. Darauf eine Scheibe Havartikäse und ein Stück Taleggio geben. Die zweite Brotscheibe mit der gebutterten Seite oben daraufsetzen und 6 Minuten grillen. In der Pfanne wenden und weitere 6 Minuten grillen, bis jede Seite schön goldbraun und der Käse geschmolzen ist.

Das zweite Sandwich genau so herstellen.

Gegrilltes Käsesandwich mit Auberginen

FRÜHLING

Drei-Käse-Sandwich mit Aprikosen

ERGIBT: 2 SANDWICHES

1 Grundrezept Gegrilltes Käsesandwich (Seite 51)
2 reife Aprikosen, in dünne Scheiben geschnitten
¼ rote Zwiebel, in dünne Ringe geschnitten
2 Teelöffel Balsamico
1 Teelöffel Honig
15 Gramm Gorgonzola

Aprikosen und Zwiebeln in einer Schüssel vermengen. Balsamico mit dem Honig verrühren und über die Aprikosen gießen. Gut unterheben, die Sauce sollte sich gut verteilen. Das Gegrillte Käsesandwich nach dem Grundrezept zubereiten. Dabei 30 Gramm Havartikäse durch den Gorgonzola ersetzen.
Die Aprikosen-Zwiebel-Mischung auf das Brot streichen, dann mit Käse belegen.

TIPP *Noch aromatischer werden die Aprikosen, wenn Sie sie zusammen mit den Zwiebeln etwa 12 Minuten bei 200 °C im Backofen rösten.*

SOMMER

Mit Auberginen und Gewürzen

ERGIBT: 2 SANDWICHES

1 Grundrezept Gegrilltes Käsesandwich (Seite 51)
4 Scheiben Auberginen, etwa 5 mm dick
1 Esslöffel Olivenöl
½ Teelöffel Kreuzkümmel
¼ Teelöffel geräuchertes Paprikapulver (Pimentón de la Vera)
¼ Teelöffel Meersalz
¼ Teelöffel schwarzer Pfeffer

Heizen Sie den Elektrogrill vor.
Olivenöl, Kreuzkümmel, Räucherpaprika, Meersalz und Pfeffer verrühren und die Auberginenscheiben mit der Marinade bestreichen.
Jede Scheibe etwa 1 Minute grillen, wenden und von der anderen Seite 1 weitere Minute grillen.
Das Käsesandwich nach dem Grundrezept zubereiten. Legen Sie beim Zusammensetzen zuerst die Auberginenscheibe auf die Brotscheibe und dann den Käse.

HERBST

Mit Spinat und Zwiebeln

ERGIBT: 2 SANDWICHES

1 Grundrezept Gegrilltes Käsesandwich (Seite 51)
½ Esslöffel Olivenöl
½ kleine gelbe Zwiebel, in dünne Ringe geschnitten
¼ Teelöffel Meersalz
1 Tasse (40 g) frischer junger Spinat
60 Gramm Mozzarellakäse aus Vollmilch
2 bis 3 Teelöffel scharfer Senf

Das Olivenöl in einer Grillpfanne bei mittlerer Flamme erhitzen.
Zwiebeln und Salz dazugeben und etwa 10 Minuten braten, bis die Zwiebeln leicht gebräunt sind. Dabei gelegentlich umrühren. Sollten sie zu schnell bräunen, die Hitze reduzieren. Die Herdplatte ausschalten und den Spinat unter die Zwiebeln rühren. Einen Deckel aufsetzen und 1 Minute dünsten, bis der Spinat zusammengefallen ist. Den Spinat beiseitestellen, die Pfanne ausspülen und wieder auf den Herd setzen.
Nun das Käse-Sandwich nach dem Grundrezept zubereiten. Statt des Taleggio nehmen Sie Mozzarellakäse. Bestreichen Sie jede Brotinnenseite mit Senf und geben Sie die Spinatmischung darauf. Erst danach die Käsescheiben auflegen und grillen.

WINTER

Mit Kürbis und Hummus

ERGIBT: 2 SANDWICHES

1 Grundrezept Gegrilltes Käsesandwich (Seite 51)
8 halbmondförmige Scheiben Butternut-Kürbis, etwa 5 mm dick
1 rote Zwiebel, halbiert und in 5 mm dicke Scheiben geschnitten
1 Esslöffel Olivenöl
¼ Teelöffel Meersalz
2 Messerspitzen schwarzer Pfeffer
60 Gramm Fontinakäse
¼ Tasse (60 g) Traditionelles Hummus (Seite 84)

Den Backofen auf 200 °C vorheizen.
Olivenöl, Salz sowie Pfeffer verrühren und Kürbis sowie Zwiebeln damit begießen. Auf ein Backblech legen und 30 Minuten weich backen.
Das Käsesandwich zubereiten, wie im Grundrezept beschrieben. Statt des Taleggio nehmen Sie Fontinakäse. Bestreichen Sie das Brot auf der Innenseite mit Hummus und streichen Sie die Kürbis-Zwiebel-Mischung jeweils auf den Käse, wenn Sie das Sandwich zusammensetzen.

Panzanella (Brotsalat)

Wenn ich Salate serviere, übertreibe ich es gern mit den Croûtons. Manchmal enthalten sie sogar mehr Croûtons als grüne Blätter. Daher meine Begeisterung, als ich auf ein Salatrezept stieß, dessen Hauptzutat aus altem Brot bestand.

Panzanella ist ein Gericht aus der Toskana, das einem einfachen Prinzip folgt, nämlich altes Brot zu verwerten. Dazu gibt es frische Tomaten, Basilikum und eine ordentliche Portion bestes Olivenöl sowie Balsamico. Ich nehme häufig Croûtons statt des alten Brotes und mache dazu eine Salatsauce mit viel Senf.

Lassen Sie sich von der langen Liste der Zutaten nicht abhalten, eine Panzanella zuzubereiten. Die meisten davon werden Sie ohnehin im Haus haben. Es gibt einfach keine wohlschmeckendere Möglichkeit, altes Brot zu verwerten. Sie können den Brotsalat zudem gut vorbereiten, sodass dieses Gericht schnell gemacht ist, wenn Gäste kommen. Und das Dressing ist so lecker, dass ich es auch für andere Salate verwende.

Grundrezept Panzanella

ERGIBT: 2 PORTIONEN

Panzanella-Brotwürfel

2 Tassen (100 g) Brotwürfel
1 Esslöffel Olivenöl
je 1/4 Teelöffel Meersalz und schwarzer Pfeffer

Salat

2 bis 3 Tassen (240–360 g) reife Eiertomaten, in Stücke geschnitten
1 mittelgroße Salatgurke, in Würfel geschnitten
1/2 mittelgroße rote Zwiebel, in Würfel geschnitten
2 Esslöffel frisches Basilikum, fein gehackt
3 Tassen (120 g) grüner Salat, zerpflückt
frisches Basilikum, in Streifen geschnitten (zum Garnieren)

Panzanella-Dressing

2 Esslöffel Olivenöl
1 Esslöffel Balsamico
1 Teelöffel körniger Senf
je 1/4 Teelöffel Meersalz und schwarzer Pfeffer
1 bis 2 Teelöffel Honig

Für die Brotwürfel den Backofen auf 190 °C vorheizen.
Olivenöl, Meersalz und Pfeffer verrühren, über die Brotwürfel gießen. Diese auf ein Backblech geben und etwa 13 Minuten knusprig backen. Aus dem Ofen nehmen und leicht abkühlen lassen.
Für den Salat Tomaten, Gurken, rote Zwiebeln und Basilikum vermengen.
Für das Dressing alle Zutaten mit dem Schneebesen gut verrühren. Das Dressing über die Salatmischung geben und zum Schluss die Brotwürfel unterheben.
Mit den Salatblättern einen Servierteller auslegen. Den Brotsalat darauf anrichten und mit Basilikumstreifen bestreut auf den Tisch bringen.

TIPP *Wenn Ihre Panzanella mehr sättigen soll, können Sie ein paar kleine Mozzarellakugeln daruntermischen.*

FRÜHLING

Mit Erbsen, Spinat und Fenchel

ERGIBT: 2 PORTIONEN

Salat

1 Tasse (100 g) Fenchelknolle, in dünne Scheiben geschnitten
1 Tasse (130 g) geschälte Erbsen
1 Tasse (20 g) Erbsen- oder Bohnensprossen
2 Esslöffel Sonnenblumenkerne
1 Esslöffel Knoblauchgrün (ersatzweise Schnittlauch), fein gehackt
3 Tassen (120 g) frischer Spinat, grob gehackt

Dressing

1 Rezept Panzanella-Dressing (Seite 54)
2 Esslöffel Zitronensaft
½ Teelöffel abgeriebene Zitronenschale (von einer Bio-Zitrone)
1 Rezept Panzanella-Brotwürfel (Seite 54)

Für den Salat Fenchel, Erbsen, Erbsensprossen, Sonnenblumenkerne und Knoblauchgrün in einer Schüssel vermengen.
Für das Dressing alle Zutaten mit dem Schneebesen gründlich verrühren. Dabei den Balsamico durch Zitronensaft und -schale ersetzen.
Das Dressing über die Fenchelmischung gießen und ziehen lassen.
Die Brotwürfel kurz vor dem Servieren unterziehen und auf den gehackten Spinatblättern anrichten.

SOMMER

Mit Tomaten-Confit

ERGIBT: 2 PORTIONEN

1 Grundrezept Panzanella (Seite 54)
350 Gramm Kirschtomaten

Brotwürfel

2 bis 3 Scheiben Sauerteigbrot
1 Esslöffel Olivenöl
¼ Teelöffel Meersalz
¼ Teelöffel schwarzer Pfeffer

Heizen Sie den Elektrogrill vor.
Die Kirschtomaten mit den Zwiebelwürfeln des Grundrezepts vermengen. Ein Stück Alufolie zu einer Tasche falten, das Gemüse hineingeben, auf den Grill stellen und etwa 5 Minuten grillen, bis die Tomaten aufplatzen. In einer Schüssel abkühlen lassen.
Für die Brotwürfel die Brotscheiben mit Olivenöl bestreichen und mit Salz sowie Pfeffer bestreuen. Auf dem Grill toasten, nach der Hälfte der Zeit wenden und die andere Seite toasten. Vom Grill nehmen und die Brotscheiben in Würfel schneiden.
Den Salat ohne die Eiertomaten zubereiten, wie im Grundrezept angegeben. Das Tomaten-Confit unter das Gemüse mischen und kurz vor dem Servieren die Brotwürfel unterheben.

HERBST

Mit gebackener Roter Bete und Äpfeln

ERGIBT: 2 PORTIONEN

1 Grundrezept Panzanella (Seite 54)
2 mittelgroße Rote Beten
1 Esslöffel Olivenöl
1 mittelgroßer Apfel, ohne Kerngehäuse, geschält und in Würfel geschnitten
3 Esslöffel Pekannüsse
1 Rezept Panzanella-Dressing (Seite 54)
2 Esslöffel Apfelessig
1 Esslöffel Ahornsirup
30 Gramm Blauschimmelkäse (z. B. Gorgonzola), zerkrümelt
einige Blätter grüner Salat

Den Backofen auf 220 °C vorheizen.
Die Roten Beten schälen und halbieren. Jede Hälfte in 6 Stücke zerteilen. In eine Auflaufform geben, mit Olivenöl übergießen, mit Alufolie abdecken und in den Backofen stellen. (Lassen Sie die Folie an einer Ecke offen, damit der Dampf entweichen kann.) Etwa 40 bis 50 Minuten weich garen. Dann die gegarten Roten Beten mit Apfelwürfeln und Pekannüssen in eine Schüssel geben.
Das Dressing zubereiten. Nehmen Sie dabei statt Balsamico den Apfelessig und den Ahornsirup statt Honig.
Das Dressing über das Gemüse geben und die Brotwürfel unterheben. Den Brotsalat mit zerkrümeltem Blauschimmelkäse bestreut auf Blättern von grünem Salat servieren.

WINTER

Mit gebackenem Kürbis und Maisbrot

ERGIBT: 2 PORTIONEN (ETWAS MAISBROT BLEIBT ÜBRIG)

Maisbrot

½ Tasse (60 g) Vollweizenmehl Type 1700
½ Tasse (80 g) Maismehl
1 Teelöffel Weinstein-Backpulver
¼ Teelöffel Meersalz
2 große Eier
2 Esslöffel Ahornsirup
¼ Tasse (60 ml) Walnussöl oder Butter, zerlassen
½ Tasse (120 ml) Milch

Kürbisgemüse

3 Tassen (420 g) Butternut-Kürbis, entkernt und in 5 mm große Würfel geschnitten
je ¼ Teelöffel Meersalz und Knoblauchpulver
½ Teelöffel geräuchertes Paprikapulver (Pimentón de la Vera)
je 1 Esslöffel Olivenöl und Ahornsirup

Salat

1 Rezept Panzanella-Dressing (Seite 54)
3 Tassen (120 g) grüner Pflücksalat
30 g Blauschimmelkäse
2 hart gekochte Eier, in Würfel geschnitten
3 Esslöffel Walnüsse

Für das Maisbrot den Backofen auf 180 °C vorheizen. Eine 20 x 20 Zentimeter große Auflaufform einölen oder mit Backpapier auslegen.
In einer Schüssel Weizen- sowie Maismehl, Backpulver und Salz vermengen. In einer zweiten Schüssel Eier, Ahornsirup, Öl und Milch verrühren, über die trockenen Zutaten gießen und zu einem Teig verarbeiten. Diesen in die Auflaufform geben und etwa 25 Minuten backen, bis eine Stricknadel nach dem Anstechen sauber bleibt. Das Brot aus dem Ofen nehmen.
Die Temperatur auf 200 °C erhöhen.
Das Maisbrot abkühlen lassen, in 6 Millimeter große Würfel schneiden. Davon 2 Tassen (200 Gramm) auf ein Backblech geben und 15 Minuten knusprig rösten.
Für das Kürbisgemüse Olivenöl, Salz, Räucherpaprika, Knoblauchpulver und Ahornsirup verrühren. Die Kürbiswürfel damit übergießen, in einer Auflaufform etwa 25 Minuten im Ofen weich backen.
Für den Salat alle festen Zutaten in einer Schüssel vermengen. Das Dressing darübergeben und gut unterheben.

Polenta

Ein gutes Polentarezept ist eine Bereicherung für jeden vegetarischen Koch. Polenta ist sehr vielseitig und genau das Richtige, wenn Sie sich und Ihre Lieben mit einem leckeren Gericht verwöhnen wollen. Frische Polenta können Sie mit Kräutern, Käse, Gemüse oder auch mit Eiern verfeinern.

Wenn Sie Ihre Polenta selbst zubereiten, können Sie nach Herzenslust experimentieren. Dabei sollten Sie aber stets darauf achten, die Kochzeit einzuhalten. Es gibt Polentasorten, die in 15 Minuten fertig sind, andere hingegen brauchen etwas länger, um ihr charakteristisches Aroma zu entfalten. Ich verwende die langsam kochende Sorte gern, wenn ich Grillgemüse zubereite. Und mit ein paar Bohnen als Eiweißlieferanten kann ich daraus eine vollwertige Mahlzeit zaubern.

Sie können Polenta natürlich auch abkühlen lassen und in Scheiben schneiden, die sich nach Belieben backen, grillen oder frittieren lassen. Streichen Sie den Maisbrei auf einem eingeölten Teller aus und lassen Sie das Ganze abkühlen. Dann können Sie Ihre Polenta nach Belieben schneiden oder sogar ausstechen. Lecker, aber auch kalorienreich ist natürlich die frittierte Version. Wenn Sie die Reste nochmals als Creme verspeisen wollen, rühren Sie einfach etwas Milch darunter und wärmen sie noch einmal auf.

Grundrezept Cremige Polenta

ERGIBT: 4 PORTIONEN

4 Tassen (960 ml) Wasser
1 Tasse (180 g) Polentagrieß
½ Teelöffel Salz
2 Esslöffel Butter
¼ Tasse (30 ml) Vollmilch
60 Gramm geriebener Käse (wahlweise)

Bringen Sie das Wasser in einem großen Topf bei hoher Flamme zum Kochen. Langsam die Polenta und das Salz einrühren. Die Hitze reduzieren, einen Deckel aufsetzen und etwa 25 Minuten kochen. Dabei alle 5 Minuten umrühren. Nach Wunsch mit etwas mehr Salz abschmecken.

Sobald die Polenta gar ist, vom Feuer nehmen und Butter, Milch sowie Käse einrühren.

Bringen Sie sie mit Ihrem Lieblingsgemüse, mit Bohnen oder mit Kräutern auf den Tisch.

TIPP *Garen Sie die Polenta auf sehr niedriger Flamme. Sie schmeckt am besten, wenn sie ausreichend Zeit zum Ausquellen hat. Sollten Sie ein Kochfeld mit Simmerfunktion haben, nutzen Sie diese. Wenn Ihr Herd zu viel Hitze bringt, müssen Sie die Polenta öfter umrühren.*

Polenta mit Ziegenkäse und Rote-Bete-Chips

FRÜHLING

Mit Ziegenkäse und Rote-Bete-Chips

ERGIBT: 4 PORTIONEN

1 Grundrezept Cremige Polenta (Seite 57)
60 Gramm Ziegenfrischkäse
2 mittelgroße Rote Beten oder gegarten Ringelbeten
1 Esslöffel Olivenöl
1/4 Teelöffel Meersalz
1/4 Teelöffel schwarzer Pfeffer
2 bis 3 Esslöffel geröstete Sonnenblumenkerne

Bereiten Sie die Polenta nach dem Grundrezept zu und rühren Sie zum Schluss 40 Gramm Ziegenfrischkäse unter. Den Backofen auf 170 °C vorheizen.

Ein Backblech mit Backpapier auslegen. Die Beten waschen und schälen. Mit einem scharfen Messer oder Hobel die Beten in hauchdünne Scheiben hobeln. Mit Olivenöl, Meersalz sowie Pfeffer bestreuen und in einer Lage auf dem Backblech verteilen. Etwa 15 Minuten backen, bis die Beten knusprig werden. Aus dem Ofen nehmen und abkühlen lassen, dann werden sie noch krosser.

Die Polenta mit den Bete-Chips bestreuen. Vor dem Servieren den restlichen Ziegenkäse und die Sonnenblumenkerne darauf verteilen.

TIPP *Sehen Sie öfter nach den Beten, während Sie die Chips zubereiten. Wann immer Ihnen eine besonders dünne Scheibe fertig gebacken erscheint, sollten Sie sie herausnehmen, damit sie nicht verbrennt.*

SOMMER

Gegrillt mit Kichererbsen und Ingwerchutney

ERGIBT: 16 POLENTAQUADRATE

1 Grundrezept Cremige Polenta (Seite 57)
1 Tasse (260 g) gekochte Kichererbsen, abgegossen und unter kaltem Wasser abgespült
2 Esslöffel Olivenöl
1 Esslöffel Zitronensaft und abgeriebene Zitronenschale (von einer Bio-Zitrone)
je 1 Teelöffel Kurkuma und abgeriebene Zitronenschale
je 1/4 Teelöffel Chilipulver und Meersalz
1/2 Teelöffel schwarzer Pfeffer
1 Rezept Ingwerchutney (Seite 106)
Koriandergrün, gehackt, zum Bestreuen
frisch gepresster Zitronensaft zum Beträufeln

Den Elektrogrill vorheizen.

Polenta ohne die Milch zubereiten, in einer 20 x 20 Zentimeter großen Auflaufform ausstreichen, abkühlen lassen. In 5 x 5 Zentimeter große Quadrate schneiden, aus der Form heben.

Kichererbsen mit 1 Esslöffel Olivenöl, Zitronensaft und -schale sowie Kurkuma, Chilipulver, Salz und 1/4 Teelöffel Pfeffer verrühren. Die Mischung in einer Tasche aus Alufolie 5 Minuten auf den Grill stellen.

Mit Olivenöl bestrichene und mit Pfeffer gewürzte Polentaquadrate in einer Grillpfanne auf jeder Seite 3 Minuten bräunen. Kichererbsen vom Grill nehmen und unter das Chutney rühren. Diese Mischung auf die gegrillte Polenta streichen. Mit Koriandergrün und 1 Spritzer Zitronensaft servieren.

HERBST

Mit Süßkartoffeln und pochiertem Ei

ERGIBT: 4 PORTIONEN

1 Rezept Cremige Polenta (Seite 57)
4 pochierte Eier
etwas Olivenöl zum Beträufeln (Menge nach Wunsch)

Süßkartoffelbrei

1 mittelgroße Süßkartoffel
1/4 Tasse (60 ml) natriumarme Gemüsebrühe
2 Teelöffel frischer Rosmarin, fein gehackt
1/4 Teelöffel schwarzer Pfeffer
1/4 Teelöffel Meersalz

Einen Topf mit Wasser und 1 Prise Salz zum Kochen bringen. *Die Süßkartoffel* schälen, in etwa 1 Zentimeter große Würfel schneiden und etwa 5 Minuten weich kochen. Abgießen und in die Küchenmaschine geben. Mit Gemüsebrühe, Rosmarin, Salz sowie Pfeffer abschmecken und mit der Pulse-Taste zu einem feinen Brei verarbeiten.
Den Süßkartoffelbrei unter die nach dem Grundrezept zubereitete Polenta ziehen.
Auf jede Portion ein pochiertes Ei setzen und mit einem dünnen Faden aus Olivenöl verzieren.

WINTER

Mit karamellisiertem Blumenkohl

ERGIBT: 4 PORTIONEN

1 Grundrezept Cremige Polenta (Seite 57)
5 Tassen (350 g) kleine Blumenkohlröschen
1/4 Tasse (30 g) rote Currypaste
2 Esslöffel Limettensaft, frisch gepresst
1 Esslöffel Olivenöl
Koriandergrün, gehackt, zum Bestreuen (Menge nach Geschmack)
frisch gepresster Limettensaft zum Beträufeln (Menge nach Geschmack)

Den Backofen auf 200 °C vorheizen.
In einer Schale Currypaste, Limettensaft sowie Olivenöl verrühren und über die Blumenkohlröschen gießen. Auf ein Backblech geben und etwa 30 Minuten backen, bis der Blumenkohl weich ist.
Die Polenta nach dem Grundrezept zubereiten. Vor dem Servieren die Blumenkohlröschen darauf verteilen, mit etwas Koriandergrün bestreuen und mit 1 Spritzer Limettensaft beträufeln.

TIPP *Currypaste finden Sie in Asialäden und im Bio-Supermarkt.*

Quesadillas

Zu Hause bin ich die Köchin. Für mich ist es in Ordnung, dass mein Mann nicht kocht. Eines Tages kam ein guter Freund zu Besuch, der als Küchenchef arbeitet. Und als ich von der Arbeit nach Hause kam, empfing mich schon im Flur der Duft frischer Quesadillas! Ich warf dem Freund einen fragenden Blick zu, doch er deutete auf meinen Mann: Der hatte sogar die Tortillas selbst gemacht! Seitdem haben Quesadillas einen festen Platz in meinem Herzen.

Tortillas selbst zu machen lohnt sich! Wenn Sie für den Teig Vollkornmehl und Auszugsmehl verwenden, bleiben die Tortillas länger weich und lassen sich zudem auch besser formen. Aber Sie können stattdessen natürlich auch reines Vollkornmehl nehmen. Ich mache häufig gleich die doppelte Menge Tortillas, um den Rest dann einzufrieren. So habe ich immer welche für eine schnelle Mahlzeit zur Hand. Wenn Sie die Tortillas kleiner machen, können Sie sie auch für Tacos oder Fajitas verwenden oder als Sandwich zweckentfremden.

Und was die Füllung angeht, so brauchen Sie für Käsetortillas eigentlich nur ein paar Tomaten und Zwiebeln für den Geschmack. Ich mag es nicht, Tortillas zu überladen, und nehme gerade so viel Füllung, dass man gut satt davon wird. Probieren Sie Quesadillas einfach selbst aus und genießen Sie sie frisch!

Grundrezept Quesadillas mit Weizentortillas

ERGIBT: 4 QUESADILLAS

Weizentortillas

1 Tasse (120 g) Vollweizenmehl Type 1700
1 Tasse (120 g) Weizenmehl Type 550
je ½ Teelöffel Meersalz und Backpulver
¼ Tasse (60 ml) Olivenöl
½ Tasse (120 ml) warmes Wasser

Füllung

1 Knoblauchzehe, geschält und halbiert
etwas Olivenöl zum Bestreichen
110 bis 140 Gramm Cheddarkäse, gerieben
2 Esslöffel Koriandergrün, fein gehackt

Für die Weizentortillas das Mehl in einer Schüssel mit Salz und Backpulver vermengen. Olivenöl dazugeben, weiterkneten, Wasser einrühren und den Teig zu einer Kugel verarbeiten. Mit einem Tuch bedeckt 20 Minuten ruhen lassen.

Eine große Pfanne auf mittlerer Flamme erhitzen. Aus dem Teig 4 Kugeln formen. Diese auf einer bemehlten Arbeitsfläche zu je einem Kreis mit etwa 25 Zentimetern Durchmesser ausrollen. Die Tortillas in die Pfanne geben und auf jeder Seite 1 Minute leicht bräunen. Auf einem Teller unter ein feuchtes Tuch legen.

Für die Füllung die Pfanne auf mittlerer Flamme erhitzen. Die Außenseiten von zwei Tortillas jeweils mit Knoblauch einreiben und mit Olivenöl bestreichen. Eine Tortilla in die Pfanne legen und mit Käse sowie Koriander bestreuen. Die zweite Tortilla darauflegen und noch einmal 2 Minuten erwärmen. Vorsichtig wenden und weitere 3 Minuten garen.

Die fertigen Tortillas ausschneiden und servieren. Übrig gebliebene Tortillas halten sich im Kühlschrank im luftdicht verschlossenen Behälter 3 Tage. Oder frieren Sie sie ein.

< Quesadillas mit Avocadopüree und Koriandergrün

FRÜHLING

Mit Frühlingszwiebeln und Spinat

ERGIBT: 4 QUESADILLAS

1 Rezept Weizentortillas (Seite 61)
¼ Tasse (25 g) Frühlingszwiebeln, in Ringe geschnitten
2 Tassen (80 g) frischer Spinat, grob gehackt
1 Teelöffel Limettensaft
1 Prise Chiliflocken
110 Gramm Cheddarkäse

Bereiten Sie die Weizentortillas zu, wie im Grundrezept beschrieben.
Anschließend Frühlingszwiebeln, Spinat, Limettensaft und Chiliflocken in einer Schüssel vermengen.
Beim Zusammenstellen der Quesadillas die Füllung vor dem Käse auf die Tortillas geben. Für jede Quesadilla jeweils ein Viertel der Füllung sowie ein Viertel des Käses verwenden.

SOMMER

Mit Adobo-Auberginen

ERGIBT: 4 QUESADILLAS

1 Rezept Weizentortillas (Seite 61)

Adobosauce (Chilisauce)

2 Esslöffel geräuchertes Paprikapulver (Pimentón de la Vera)
1 Esslöffel Zwiebelpulver
1 Esslöffel getrockneter mexikanischer Oregano
2 Teelöffel Knoblauchpulver
2 Teelöffel Chipotle-Chilipulver (mit Räucheraroma)
1½ Teelöffel schwarzer Pfeffer
1½ Teelöffel Meersalz
1 Teelöffel Kreuzkümmel
2 Esslöffel Mascobado-Vollrohrzucker

Auberginen

8 dünne Scheiben Aubergine, etwa 5 mm dick
2 Esslöffel Olivenöl
110 Gramm Taleggiokäse

Für die Adobosauce in einer kleinen Schüssel alle Zutaten verrühren und 2 Esslöffel davon beiseitestellen, den Rest luftdicht verschlossen für ein anderes Mal zum Marinieren aufbewahren.
Für die Auberginen den Elektrogrill auf mittlere Temperatur vorheizen. Die Adobosauce mit dem Olivenöl verrühren und die Auberginenscheiben damit bestreichen. Auf jeder Seite 2 Minuten grillen, bis sie braun zu werden beginnen. Die Auberginenscheiben herausnehmen, etwas abkühlen lassen und in kleinere Stücke schneiden.
Die Tortillas nach dem Grundrezept zubereiten.
Die Auberginen auf die Tortillas legen, mit Taleggiostücken bedecken und wie angegeben ausbacken.

TIPP *Die mexikanischen Gewürze erhalten Sie in gut sortierten Feinkostläden.*

HERBST

Mit Avocadopüree und Koriandergrün

ERGIBT: 4 QUESADILLAS

1 Rezept Weizentortillas (Seite 61)
2 reife Avocados
¼ Tasse (4 g) Koriandergrün, fein gehackt
2 Esslöffel Limettensaft
2 Messerspitzen Meersalz
110 Gramm Cheddarkäse

Die Avocados halbieren, das Fleisch herauslöffeln und in eine Schüssel geben. Koriandergrün, Limettensaft und Salz dazugeben. Mit der Gabel zu einem wohlschmeckenden Püree zerdrücken.
Die Quesadillas, wie im Grundrezept beschrieben, zubereiten.
Streichen Sie das Avocadopüree auf die Tortillas, bevor Sie sie mit Käse bestreuen.

TIPP *Wenn Sie es schärfer mögen, können Sie noch 1 Esslöffel fein gehackte Jalapeñoschoten zu der Füllung geben.*

WINTER

Mit würzigem Rosenkohl

ERGIBT: 4 QUESADILLAS

1 Rezept Weizentortillas (Seite 61)
1 Esslöffel Olivenöl
1 Schalotte, fein gehackt
250 Gramm Rosenkohl,
geputzt und in feine Streifen geschnitten
¼ Teelöffel Meersalz
½ Teelöffel Chiliflocken
2 Esslöffel Wasser
110 bis 140 Gramm Cheddarkäse, gerieben

Das Olivenöl in einer Pfanne auf mittlerer Flamme erhitzen. Die Schalotten dazugeben und 2 Minuten anbraten. Den Rosenkohl hinzufügen und ebenso Salz, Chiliflocken sowie Wasser. Das Gemüse 4 Minuten dünsten, dabei gelegentlich umrühren.
Die Quesadillas nach dem Grundrezept zubereiten.
Streichen Sie die Rosenkohlmischung auf die Tortillas und bestreuen Sie diese anschließend mit dem Käse.

Eierpfanne

Wenn Sie sich das Archiv meines Foodblogs anschauen, werden Sie sehr schnell herausfinden, was meine Lieblingsgerichte sind: Tacos, Nudeln und Eierpfanne. Meine Liebe zur Eierpfanne begann, als ich in einem Antiquitätenladen (!) eine kleine, uralte Gusseisenpfanne fand. Solche Pfannen sind wahrhaft ein Geschenk, da Gusseisenpfannen vor der Verwendung „eingebrannt" werden müssen, was man sich bei gebrauchten Pfannen natürlich sparen kann. Das erste Gericht, das ich darin zubereitete, war eine Eierpfanne aus übrig gebliebenen Körnern, Gemüse und zwei darüber geschlagenen Eiern. Seitdem ist die Eierpfanne eines meiner Lieblingsgerichte, vor allem, wenn ich nur für mich koche.

Als ich noch allein lebte, war meine Gusseisenpfanne fast täglich in Gebrauch. Kein Wunder, denn eine Eierpfanne ist schnell gemacht, eignet sich hervorragend zur Resteverwertung und sättigt ganz vorzüglich. Die Unterseite der Eier wird darin schön braun und kross, während oben alles wunderbar weich und saftig bleibt.

Meine Eierpfannen sind jeweils für eine Person gedacht, aber Sie können die angegebenen Mengen auch verdoppeln und eine Pfanne von 30 Zentimetern Durchmesser damit füllen. Davon werden dann zwei bis drei Personen satt. Halten Sie die Temperatur niedrig, damit Gemüse und Getreide nicht anbrennen. Und natürlich können Sie den Käse auch weglassen. Ich vergesse ihn ohnehin oft und merke es meist erst, wenn ich schon die halbe Eierpfanne verputzt habe.

Grundrezept Eierpfanne

ERGIBT: 1 BIS 2 PORTIONEN

1 Esslöffel Olivenöl
¼ Tasse (35 g) rote Zwiebeln, fein gewürfelt
2 Tassen (320 g) Gemüse nach Wahl, fein geschnitten
¼ Teelöffel Meersalz
¼ Teelöffel schwarzer Pfeffer
½ Tasse (80 g) gekochte Getreidekörner (wahlweise)
2 große Eier
15 Gramm Käse, gerieben (wahlweise)

Das Olivenöl in einer gusseisernen Pfanne auf mittlerer Flamme erhitzen. Die Zwiebelwürfel hineingeben und 6 Minuten braten, bis sie glasig werden. Das Gemüse dazugeben und weich garen. (Die Garzeit hängt von der Art des Gemüses ab.) Mit Salz und Pfeffer abschmecken. Das Getreide dazugeben und gut unterrühren. Nun das Gemüse an den Rand schieben, sodass sich in der Mitte eine Vertiefung ergibt.

Die Eier in die Mitte hinein aufschlagen. Die Hitze auf niedrigste Flamme reduzieren, einen Deckel aufsetzen und garen, bis das Eiweiß fest ist und das Eigelb die gewünschte Konsistenz hat: Nach etwa 8 Minuten ist der Dotter noch weich, nach etwa 12 wird er sehr hart.

Eierpfanne vom Feuer nehmen, mit Käse bestreuen und servieren.

Eierpfanne mit Blumenkohl und Ziegenkäse >

FRÜHLING

Mit Pak Choi, Sesam und Reis

ERGIBT: 1 BIS 2 PORTIONEN

1 Grundrezept Eierpfanne (Seite 64)
½ Bund (50 g) Frühlingszwiebeln
2 Tassen (80 g) Pak-Choi-Blätter, grob geschnitten
½ Tasse (75 g) gekochter Reis
1 Esslöffel geröstete Sesamsamen
Soja- oder Tamarisauce zum Beträufeln (Menge nach Geschmack)

Die Eierpfanne zubereiten, wie im Grundrezept angegeben. Die Frühlingszwiebeln statt der Zwiebelwürfel nehmen und die Pak-Choi-Streifen nur kurz zusammenfallen lassen. Mit geröstetem Sesam und 1 Spritzer Sojasauce servieren.

SOMMER

Mit gebratenem Mais

ERGIBT: 1 BIS 2 PORTIONEN

1 Grundrezept Eierpfanne (Seite 64)
1 Tasse (120 g) Maiskörner
¼ Teelöffel Chipotle-Chilipulver (mit Räucheraroma)
½ Tasse (80 g) gekochter Vollreis
2 Esslöffel Koriandergrün, gehackt
15 Gramm Fetakäse, zerkrümelt
Koriandergrün zum Bestreuen (Menge nach Geschmack)
Limettenspalten zum Garnieren (Menge nach Geschmack)

Die Eierpfanne nach dem Grundrezept zubereiten.
Die Maiskörner und das Chilipulver nach dem Anbraten der Zwiebeln hinzufügen und 6 Minuten braten, bis die Körner zu bräunen beginnen. Vollreis und Koriandergrün dazugeben.
Mit dem zerkrümelten Feta sowie etwas Koriandergrün bestreut servieren und 1 Limettenspalte daraufsetzen.

HERBST

Mit Blumenkohl und Ziegenkäse

ERGIBT: 1 BIS 2 PORTIONEN

1 Grundrezept Eierpfanne (Seite 64)
¼ Tasse (35 g) gelbe Zwiebeln, in Würfel geschnitten
1½ Tassen (160 g) Blumenkohlröschen, zerteilt
½ Tasse (80 g) gekochter Vollreis
15 Gramm Ziegenkäse
Petersilie, gehackt, zum Bestreuen

Die Eierpfanne nach dem Grundrezept zubereiten, statt der roten Zwiebeln gelbe verwenden.
Die zerpflückten Blumenkohlröschen dazugeben, sobald die Zwiebel glasig ist, und 7 Minuten weich garen. Den Vollreis einrühren und weiterbraten wie angegeben.
Mit zerkrümeltem Ziegenkäse und Petersilie bestreut servieren.

WINTER

Mit Pilzen und Knoblauch

ERGIBT: 1 BIS 2 PORTIONEN

1 Grundrezept Eierpfanne (Seite 64)
1 Knoblauchzehe, fein gehackt
2 Tassen (140 g) Champignons, in Scheiben geschnitten
1 Tasse (140 g) gekochte Quinoa
1 Teelöffel frischer Thymian, fein gehackt

Die Eierpfanne nach dem Grundrezept zubereiten, jedoch statt der Zwiebeln Knoblauch verwenden und nur 1 Minute anbraten.
Die Pilze dazugeben und weitere 4 Minuten garen. Quinoa und Thymian hinzufügen, das Ei wie angegeben darüber schlagen und fertig braten.

Gebratener Reis

Sicherlich ist Ihnen schon aufgefallen, dass ich ein Fan der Resteküche bin. Ob ich nun damit eine komplette Mahlzeit zubereite oder auch nur ein Rezept ergänze, ich habe fast immer Reste übrig, die ich für andere Gerichte verwerten kann. Als ich noch zur Arbeit pendeln musste, habe ich oft das Wochenende damit zugebracht, große Mengen Getreide – vor allem Reis – und Bohnen vorzukochen, damit ich die Woche über etwas Vollwertiges zu essen hatte. Und so gab es zum Abendessen häufig schwarze Bohnen mit Reis oder eben gebratenen Reis, von dem ich dann am nächsten Tag fürs Mittagessen etwas mit zur Arbeit mitnehmen konnte.

Das Grundrezept für gebratenen Reis ist wirklich ganz einfach: Nehmen Sie gekochten Reis und braten Sie ihn zusammen mit Gemüse und Eiern leicht an. Gebratener Reis im Restaurant enthält meist große Mengen Fett. Ich verwende dafür jedoch so wenig Öl wie möglich, was den Geschmack nicht schmälert.

Außerdem können Sie für dieses Gericht auch Gemüse nehmen, das nicht mehr ganz frisch ist. Schneiden Sie es einfach in feine Würfel. Leicht angebraten kann es noch genug Aroma entfalten, bevor Sie es zu dem Reis geben. Und was den Reis angeht, so mag ich am liebsten Bombareis, den man für Paella verwendet. Er hat ein rundes Korn, bleibt aber beim Kochen aufgrund des geringeren Stärkeanteils trotzdem körnig. Für das Grundrezept habe ich Vollreis verwendet, mit dem die folgenden Gerichte hervorragend gelingen und ebenso schmecken.

Grundrezept Gebratener Reis

ERGIBT: 2 PORTIONEN

1 Esslöffel Olivenöl
1 Knoblauchzehe, fein gehackt
2 Tassen (320 g) gekochter Vollreis
3 Esslöffel Sojasauce
1 Esslöffel Reisessig
2 große Eier
2 Esslöffel Sesamsamen
½ Teelöffel schwarzer Pfeffer

Das Olivenöl in einer großen Pfanne auf niedriger Flamme erhitzen. Geben Sie den Knoblauch dazu und braten Sie ihn etwa 1 Minute an. Den Reis einrühren, Sojasauce und Reisessig hinzufügen und 2 Minuten anbraten.

Dann den Reis an den Rand schieben, sodass sich in der Mitte eine Vertiefung ergibt, die Eier in die Mitte hinein aufschlagen und 3 Minuten stocken lassen. Anschließend unter die Reismischung rühren.

Die Sesamsamen sowie den schwarzen Pfeffer dazugeben und heiß servieren.

FRÜHLING

Mit Zuckererbsen und Karotten

ERGIBT: 2 PORTIONEN

1 Grundrezept Gebratener Reis (Seite 67)
110 Gramm Zuckererbsen, geputzt und grob geschnitten
½ Tasse (70 g) Karotten, in dünne Scheiben geschnitten
½ Esslöffel Olivenöl
1 Esslöffel Sesamsamen

Den Backofen auf 200 °C vorheizen.
Zuckererbsen und Karotten mit Olivenöl beträufeln und mit Sesamsamen würzen. Auf einem Backblech verteilen und etwa 25 Minuten backen, bis die Zuckererbsen anfangen, Blasen zu werfen.
Den Gebratenen Reis nach dem Grundrezept zubereiten, dabei die Zuckererbsen zu dem Reis geben.

SOMMER

Mit würzigen grünen Bohnen

ERGIBT: 2 PORTIONEN

1 Grundrezept Gebratener Reis (Seite 67)
230 Gramm frische grüne Bohnen
2 Esslöffel Sriracha-Chilisauce

Wasser in einem Topf zum Kochen bringen und die grünen Bohnen darin 3 Minuten kochen. Herausnehmen und beiseitestellen. Abkühlen lassen und in 1,5 Zentimeter große Stücke schneiden.
Den Gebratenen Reis zubereiten, wie im Grundrezept beschrieben. Dabei die grünen Bohnen zu dem Knoblauch geben. Die Srirachasauce und anschließend den Reis einrühren.

HERBST

Mit Bohnensprossen und Grünkohl

ERGIBT: 2 PORTIONEN

1 Grundrezept Gebratener Reis (Seite 67)
2 Tassen (80 g) Grünkohlblätter, ohne Stiele, in breite Streifen geschnitten
½ Tasse (30 g) Bohnensprossen

Den Gebratenen Reis nach dem Grundrezept zubereiten, dabei den Grünkohl zusammen mit dem Vollreis dazugeben. Vor dem Servieren mit den Bohnensprossen bestreuen.

WINTER

Mit dreierlei Zwiebeln

ERGIBT: 2 PORTIONEN

1 Grundrezept Gebratener Reis (Seite 67)
½ Esslöffel Olivenöl
1 Schalotte, in kleine Würfel geschnitten
½ Tasse (70 g) rote Zwiebeln, in kleine Würfel geschnitten
½ Tasse (70 g) weiße Zwiebeln, in kleine Würfel geschnitten

Das Olivenöl in einer Pfanne auf niedriger Flamme erhitzen. Die Zwiebelwürfel dazugeben und glasig anbraten, dabei immer wieder umrühren.
Den Reis zubereiten, wie im Grundrezept angegeben, den Knoblauch weglassen.
Gebratene Zwiebeln und Reis vermengen und auf den Tisch bringen.

< Gebratener Reis mit würzigen grünen Bohnen

Gebackene Kartoffeln

Seit den Anfängen der Naturkost-Bewegung in den frühen 1970er-Jahren wächst das Bewusstsein für die Qualität unserer Nahrung. In diesem Zusammenhang werden manche Lebensmittel wie z. B. Grünkohl oder Quinoa geradezu hochgejubelt, die vorher kein Mensch kannte und die mittlerweile fast überall erhältlich sind. Bei anderen Lebensmitteln wiederum geht die Tendenz genau in die entgegengesetzte Richtung, sie werden regelrecht dämonisiert. So erging es der bescheidenen Kartoffel, an der aus ernährungswissenschaftlicher Sicht absolut nichts auszusetzen ist, die aber dennoch von den Tellern verbannt wurde.

Ich bin ein großer Fan von Kartoffeln und mache zu meinen Veggie-Burgern noch immer gern Pommes frites, schneide Kartoffelwürfel in den Eintopf oder verwende sie als Hauptgericht. Kartoffeln enthalten kein Fett, aber biologisch hochwertiges Eiweiß. Dazu kommen noch Ballaststoffe und ein hoher Gehalt an Kalium sowie Spurenelementen.

Gebackene Kartoffeln habe ich zum ersten Mal mit vegetarischem Chili und Käse gegessen und sehr genossen. Das Gericht war nicht nur köstlich, sondern zudem auch gesund. Seitdem habe ich mein Repertoire an köstlichen Toppings ständig erweitert, sodass bei uns nun regelmäßig gebackene Kartoffeln auf den Tisch kommen. Sie können all diese Gerichte übrigens auch mit Süßkartoffeln zubereiten. Füllen Sie sie mit allem, was Sie gerade zur Hand haben.

Grundrezept Gebackene Kartoffeln

ERGIBT: 2 BIS 4 PORTIONEN

- 2 mittelgroße Kartoffeln
- 1 Esslöffel Olivenöl
- 2 Esslöffel Schlagsahne
- 1 Esslöffel Butter, zerlassen und etwas abgekühlt
- 1/4 Teelöffel Meersalz
- 1/4 Teelöffel schwarzer Pfeffer

Den Backofen auf 220 °C vorheizen.

Die Kartoffeln gut schrubben, mit einer Gabel ein paar Mal anstechen und mit Olivenöl einreiben. In eine Auflaufform setzen und 45 bis 55 Minuten weich backen, bis Sie mit einem Messer hindurchstechen können.

Aus dem Ofen nehmen und vorsichtig in zwei Hälften schneiden. Das Innere mit dem Löffel aushöhlen und mit Sahne, Butter, Salz und Pfeffer zu Püree verrühren.

Die Kartoffeln mit dem Püree füllen und Ihr Lieblings-Topping darauf verteilen.

FRÜHLING

Mit Butterbohnen und Gremolata

ERGIBT: 2 BIS 4 PORTIONEN

1 Grundrezept Gebackene Kartoffeln (Seite 70)
2 Esslöffel Butter
1 Tasse (260 g) gekochte weiße Bohnen, abgegossen und unter kaltem Wasser abgespült
¼ Teelöffel Meersalz
¼ Teelöffel schwarzer Pfeffer
1 Knoblauchzehe, fein gehackt
2 Teelöffel abgeriebene Zitronenschale (von einer Bio-Zitrone)
¼ Tasse (15 g) Petersilie, fein gehackt

Die Gebackenen Kartoffeln nach dem Grundrezept zubereiten.

Butter in einer Pfanne auf niedriger Flamme erhitzen. Bohnen, Salz sowie Pfeffer dazugeben und 3 Minuten erwärmen. In einer kleinen Schüssel Knoblauch, Zitronenschale und Petersilie zu einer Sauce verrühren.

Die Bohnenmischung über die Kartoffelhälften geben und die Gremolata-Sauce darauf verteilen.

TIPP *Gremolata ist eine italienische Sauce aus gehackter Petersilie, Zitronenschale und Knoblauch.*

SOMMER

Mit Grillgemüse, Hummus und Fetakäse

ERGIBT: 2 BIS 4 PORTIONEN

1 Grundrezept Gebackene Kartoffeln (Seite 70)
1 kleine Zucchini
¼ rote Zwiebel
½ rote Paprikaschote, ohne Kerne und weiße Innenhäute
1 Esslöffel Olivenöl
1 Teelöffel geräuchertes Paprikapulver (Pimentón de la Vera)
½ Teelöffel Knoblauchpulver
½ Teelöffel Meersalz
30 Gramm Fetakäse
¼ Tasse (60 g) Traditionelles Hummus (Seite 84)

Die Gebackenen Kartoffeln zubereiten, wie im Grundrezept angegeben.

Den Elektrogrill vorheizen.

Zucchini und Zwiebel in 5 Millimeter dicke Scheiben schneiden, die Paprikaschote vierteln. Mit Olivenöl bestreichen und mit Räucherpaprika, Knoblauchpulver sowie Meersalz bestreuen. Das Gemüse insgesamt etwa 3 Minuten grillen, bis sich erste dunklere braune Stellen zeigen. Nach der Hälfte der Garzeit wenden. Vom Grill nehmen und in Stücke schneiden.

Die Gemüsemischung über die Gebackenen Kartoffeln geben. Mit Feta bestreuen, einen Klecks Hummus daraufgeben und servieren.

HERBST

Mit Blumenkohlcurry und Joghurt

ERGIBT: 2 GANZE ODER 4 HALBE KARTOFFELN

1 Grundrezept Gebackene Kartoffeln (Seite 70)
1 Esslöffel Olivenöl
2 Knoblauchzehen, fein gehackt
½ Tasse (120 ml) vollfette Kokosmilch
¾ bis 1 Tasse (180–240 ml) natriumarme Gemüsebrühe
½ Teelöffel Meersalz
1 Esslöffel Currypulver
3 Tassen (240 g) Blumenkohlröschen, zerpflückt
½ Tasse (130 g) gekochte Kichererbsen, abgegossen und unter kaltem Wasser abgespült
Koriandergrün, gehackt (Menge nach Geschmack)
4 Teelöffel vollfetter griechischer Joghurt

Die Gebackenen Kartoffeln nach dem Grundrezept zubereiten.

In einer großen Pfanne das Olivenöl auf mittlerer Flamme erhitzen und den Knoblauch darin 1 Minute dünsten. Mit Kokosmilch aufgießen, Gemüsebrühe, Salz und Curry zugeben. Den Blumenkohl dazugeben und zum Kochen bringen. Die Hitze reduzieren, einen Deckel aufsetzen und insgesamt etwa 20 Minuten garen.

Nach 10 Minuten die Kichererbsen dazugeben und mit dem Blumenkohl köcheln lassen, bis der Blumenkohl weich ist und die Sauce andickt.

Die Mischung auf den Kartoffelhälften verteilen. Diese mit Koriandergrün bestreuen und jeweils mit 1 Teelöffel griechischem Joghurt verzieren.

WINTER

Mit cremiger Hirse und Grünkohl

ERGIBT: 2 BIS 4 PORTIONEN

1 Grundrezept Gebackene Kartoffeln (Seite 70)
1 Esslöffel Olivenöl
1 Knoblauchzehe, fein gehackt
½ Tasse (76 g) ungekochte Hirse
1½ Tassen (360 ml) Wasser
½ Teelöffel Meersalz
¼ Teelöffel schwarzer Pfeffer
1 Tasse (70 g) Grünkohl, ohne Stiele, in Streifen geschnitten
3 Esslöffel Mascarpone
⅓ Tasse (80 ml) Vollmilch

Die Gebackenen Kartoffeln zubereiten, wie im Grundrezept angegeben.

In einem Topf das Olivenöl auf mittlerer Flamme erhitzen. Knoblauch dazugeben und 1 Minute anbraten. Dann die Hirse hinzufügen und 1 weitere Minute anrösten. Mit Wasser aufgießen sowie Salz und Pfeffer dazugeben. Zum Kochen bringen, die Hitze reduzieren und die Hirse etwa 20 Minuten garen, bis das Wasser aufgesogen ist. Vom Feuer nehmen, die Grünkohlstreifen einrühren und den Deckel aufsetzen. Quellen lassen, bis das restliche Wasser aufgesogen und der Grünkohl zusammengefallen ist.

Vor dem Servieren Mascarpone sowie Milch unter die Hirse ziehen und die Mischung über die Kartoffelhälften geben.

Getreidesalat

Getreidesalat mit gegrillten Romanastreifen und Hirse

Bei unserem ersten Rendezvous bestellte mein späterer Mann einen großen Salat zum Abendessen. Ich weiß noch, wie erstaunt ich darüber war, denn die Männer, die ich bis dahin kennengelernt hatte, bestellten Salat höchstens als Vorspeise.

Sie können sich also vorstellen, wie wichtig das Thema „Salat" in unserer Küche ist. Mein Mann macht seinen Salat natürlich nicht nach Rezept, er nimmt, was wir gerade da haben. Ich dagegen verwende für Salat 1 Handvoll Grünzeug, frisches, gebackenes oder gegrilltes Gemüse, 1 bis 2 Esslöffel gekochte Getreidekörner und ein paar Nüsse, Samen oder zerkrümelten Käse. Dazu kommt noch Eiweiß, etwa Bohnen oder hart gekochte Eier, und eine selbst gemachte Vinaigrette. Damit kann man fast nichts falsch machen!

Experimentieren Sie mit den nun folgenden Salaten nach Herzenslust, allerdings stets nach der Devise: Gute Salate erfordern frische, knackige Zutaten. Als Salatliebhaber sollten Sie sich eine Salatschleuder zulegen. So wird Ihr Salat schön trocken und Ihr Dressing schmeckt in dem fertigen Salat wie frisch angerührt. Und achten Sie darauf, dass Sie Nüsse, Samen oder Trockenfrüchte im Haus haben. So können Sie Ihrem Salat nach Belieben auch mal eine besondere Geschmacksnote verleihen.

Grundrezept Getreidesalat

ERGIBT: 2 PORTIONEN

Salat

3 Tassen (120 g) grüne Blätter von Kopfsalat, Babyspinat oder Grünkohlstreifen
2 Tassen (320 g) verschiedene Gemüse, in Würfel geschnitten
1 Tasse (160 g) gekochtes und abgekühltes Getreide
¼ Tasse (25 g) Nüsse, in Stücke zerdrückt oder grob gehackt
30 Gramm Käse, zerkrümelt oder grob gerieben
2 hart gekochte Eier, in Scheiben geschnitten

Dressing für Getreidesalat

3 Esslöffel Olivenöl
2 Esslöffel Champagneressig
2 Teelöffel Honig
¼ Teelöffel Meersalz
¼ Teelöffel schwarzer Pfeffer

Die Salatblätter waschen und trocknen. In eine große Schüssel legen, darüber kommen Gemüse, Getreide, Nüsse und Käse. Alles gut vermengen. *Für das Dressing* in einer kleinen Schüssel Olivenöl, Essig, Honig, Salz sowie Pfeffer mit dem Schneebesen verrühren und nach Belieben abschmecken. Über den Salat geben und gut unterheben.
Den Salat auf zwei Tellern verteilen und mit den Eierscheiben belegt servieren.

FRÜHLING

Mit Dicken Bohnen und Quinoa

ERGIBT: 2 PORTIONEN

1 Rezept Dressing für Getreidesalat (Seite 73)
1½ Tassen (270 g) Dicke Bohnen, enthülst
1 Esslöffel Butter, zerlassen
½ Teelöffel frischer Thymian, fein gehackt
½ Teelöffel frischer Rosmarin, fein gehackt
3 Tassen (120 g) frischer Spinat
1 Tasse (140 g) gekochte Quinoa
2 Esslöffel geröstete Pinienkerne
30 Gramm Fetakäse, zerkrümelt
2 hart gekochte Eier

Wasser in einem großen Topf zum Kochen bringen. Bohnen hineingeben, 2 Minuten kochen und dann im Wasserbad mit Eiswürfeln abschrecken. Die weiße Haut von den Kernen entfernen. Mit zerlassener Butter und frischen Kräutern anmachen.
Den Spinat waschen und trocken tupfen, in eine große Schüssel geben. Darauf die Dicken Bohnen, die Quinoa, Pinienkerne und Feta. Alles gut vermengen.
Das Dressing über den Salat geben und gut unterheben, bis auch der Spinat davon bedeckt ist.
Den Salat auf zwei Tellern verteilen und mit dem in Scheiben geschnittenen Ei belegt servieren.

SOMMER

Mit gegrillten Romanastreifen und Hirse

ERGIBT: 2 PORTIONEN

1 Rezept Dressing für Getreidesalat (Seite 73)
1 kleiner Kopf Romanasalat
1 Esslöffel Olivenöl
¼ Teelöffel Meersalz
1 Tasse (140 g) Kirschtomaten, halbiert
½ Tasse (70 g) Salatgurke, in Würfel geschnitten
¼ Tasse (35 g) rote Zwiebeln, in Würfel geschnitten
1 Tasse (150 g) gekochte Hirse
30 Gramm Ziegenkäse
2 Esslöffel frisches Basilikum, fein gehackt
2 Teelöffel scharfer Senf

Den Elektrogrill auf mittlere Temperatur vorheizen.
Den Salatkopf der Länge nach in zwei Hälften teilen, diese mit Olivenöl beträufeln und salzen. Mit der Schnittseite nach unten auf den Grill legen und auf jeder Seite 2 Minuten grillen, bis der Salatkopf zusammenfällt und braune Streifen zeigt.
In einer großen Schüssel Tomaten, Gurken, Zwiebeln, Hirse, Ziegenkäse und Basilikum vermischen.
In einer weiteren Schüssel das Dressing nach dem Grundrezept zubereiten und zusätzlich den Senf einrühren.
Das Dressing über die Hirse-Gemüse-Mischung geben und gut unterheben. Den gegrillten Salatkopf klein schneiden und die Streifen ebenfalls unter die Mischung heben.

HERBST

Mit Chili, Süßkartoffeln und Kamut

ERGIBT: 2 PORTIONEN

Salat

1 mittelgroße Süßkartoffel
1 Esslöffel Olivenöl
1 Teelöffel geräuchertes Paprikapulver (Pimentón de la Vera)
¼ Teelöffel Chilipulver
¼ Teelöffel Meersalz
¼ Teelöffel Knoblauchpulver
3 Tassen (120 g) frischer Spinat
1 Tasse (75 g) gekochter Kamut
¼ Tasse (25 g) geröstete Kürbiskerne
3 Esslöffel Koriandergrün, fein gehackt
2 hart gekochte Eier

Dressing

1 Esslöffel Olivenöl
1 Esslöffel Limettensaft
2 Teelöffel Honig
¼ Teelöffel Meersalz
¼ Teelöffel Pfeffer

Für den Salat den Backofen auf 200 °C vorheizen.
Die Süßkartoffel schälen und in 5 Millimeter große Würfel schneiden. Das Olivenöl mit Räucherpaprika, Chilipulver, Salz sowie Knoblauchpulver verrühren und unter die Kartoffelwürfel heben. Diese in einer dünnen Lage auf einem Backblech verteilen und etwa 20 Minuten weich backen. Aus dem Ofen holen und abkühlen lassen. In einer Schüssel Spinat, Kamut, Kürbiskerne, Koriandergrün und Süßkartoffelwürfel vermengen.
Für das Dressing alle Zutaten mit dem Schneebesen gut verrühren, über den Salat gießen und unterheben.
Den Salat mit dem in Scheiben geschnittenen Ei belegt servieren.

WINTER

Mit Grünkohl und Gerste

ERGIBT: 2 PORTIONEN

1 Rezept Dressing für Getreidesalat (Seite 73)
2 Tassen (80 g) Grünkohl,
ohne Stiele, in Streifen geschnitten
1 Teelöffel Zitronensaft
1 Tasse (75 g) gekochte und noch warme Gerstenkörner
2 Esslöffel Sesamsamen
1 Teelöffel frische Ingwerwurzel, gerieben
2 Esslöffel Sojasauce

Die Kohlstreifen mit Zitronensaft, Gerste sowie Sesamsamen vermengen und 5 bis 10 Minuten ziehen lassen, damit der Kohl weich wird.
In einer separaten Schüssel das Salatdressing nach dem Grundrezept anrühren, dabei den geriebenen Ingwer dazugeben und statt des Essigs Sojasauce verwenden. Über den Salat gießen und gut unterheben.

Linseneintopf

Mit gekochten Bohnen hat man fast schon eine fertige Mahlzeit auf dem Tisch. Das trifft natürlich auch auf Linsen zu. Sie sind in Nullkommanichts gekocht und nehmen die Aromen der mitgekochten Gewürze an. Da rote Linsen zu fast jedem Eintopf passen, habe ich sie immer im Vorratsschrank. Für ein Gericht, das mehr Biss haben soll, verwende ich grüne oder braune Linsen. Und wenn die Linsen im Mittelpunkt stehen sollen, greife ich zu schwarzen Puy- oder zu Beluga-Linsen.

Grundsätzlich verwende ich die Linsen, die ich gerade da habe, und gebe nach Lust und Laune Gemüse dazu. Linsen lassen sich auch wunderbar einfrieren, also machen Sie von Ihrem Linseneintopf ruhig ein paar Teller mehr. In Gefrierbehältern hält er sich Monate.

Getreidekörner brauchen Sie nur für die Frühlingsvariante, doch ich reiche häufig Getreide zum Linseneintopf, obwohl auch Kartoffeln sehr gut dazu schmecken. Ich habe fast immer eine Dose Tomaten im Schrank, aber natürlich schmecken frische, gekochte und pürierte Tomaten auch hier am besten.

Grundrezept Linseneintopf

ERGIBT: 3 BIS 4 PORTIONEN

1 Esslöffel Olivenöl
½ mittelgroße rote Zwiebel, in Würfel geschnitten
4 bis 5 Tassen (960–1200 ml) natriumarme Gemüsebrühe
1 Tasse (170 g) rote Linsen
1 Tasse (240 ml) Schältomaten aus der Dose, abgegossen
½ Teelöffel Meersalz
½ Teelöffel schwarzer Pfeffer
2 Teelöffel frischer Oregano, fein gehackt
1 Esslöffel frisches Basilikum, fein gehackt

In einer Pfanne das Öl auf niedriger Flamme erhitzen. Die Zwiebeln darin ungefähr 7 Minuten anschwitzen, bis sie glasig sind. Die restlichen Zutaten bis auf das Basilikum dazugeben. Zum Kochen bringen, die Hitze reduzieren und etwa 20 Minuten köcheln lassen, bis die Linsen weich sind.

Gehacktes Basilikum dazugeben und abschmecken.

Linseneintopf mit Mangold auf Knoblauchreis

FRÜHLING

Mit Mangold auf Knoblauchreis

ERGIBT: 3 BIS 4 PORTIONEN

1 Grundrezept Linseneintopf (Seite 76)
1 Tasse (170 g) grüne Linsen
2 Tassen (80 g) Mangold, in Streifen geschnitten

Knoblauchreis

1 Esslöffel Olivenöl
1 Knoblauchzehe, fein gehackt
1 Tasse (180 g) Langkorn-Vollreis
2 Tassen (480 ml) Wasser

Den Linseneintopf mit grünen Linsen zubereiten und etwa 25 Minuten köcheln lassen, bis die Linsen weich sind. Erst danach den Mangold einrühren und ziehen lassen, bis auch er weich ist.
Für den Knoblauchreis das Olivenöl in einem Topf auf mittlerer Flamme erhitzen. Den Knoblauch einrühren und 1 Minute anbraten. Den Reis dazugeben, umrühren und 1 Minute anrösten. Mit dem Wasser aufgießen, zum Kochen bringen, die Hitze reduzieren und etwa 35 Minuten kochen, bis der Reis das Wasser aufgesogen hat und weich ist. Den Reis mit den Linsen servieren.

SOMMER

Mit gegrillten roten Paprikaschoten

ERGIBT: 3 BIS 4 PORTIONEN

1 Grundrezept Linseneintopf (Seite 76)
2 rote Paprikaschoten
¼ Tasse (4 g) Koriandergrün, fein gehackt
2 Teelöffel geräuchertes Paprikapulver (Pimentón de la Vera)

Den Grillrost des Backofens in die oberste Schiene schieben. Die Paprikaschoten darauflegen und grillen. Dabei alle 30 bis 60 Sekunden wenden, bis die Außenseite erste dunklere braune Stellen bekommt. Aus dem Ofen nehmen, abkühlen lassen und die Haut abziehen. Kerne sowie weiße Innenhäute entfernen und das Fleisch in Würfel schneiden.
Den Linseneintopf mit den Paprikawürfeln statt mit Schältomaten zubereiten, Koriandergrün statt Basilikum verwenden und mit Räucherpaprika abschmecken.

HERBST

Mit Kürbis und Chipotle

ERGIBT: 3 BIS 4 PORTIONEN

1 Grundrezept Linseneintopf (Seite 76)
2 Tassen (280 g) Butternut-Kürbis, entkernt und in 5 mm große Würfel geschnitten
2 Teelöffel Chipotle-Chilipulver (mit Raucheraroma)
1 Teelöffel geräuchertes Paprikapulver (Pimentón de la Vera)

Den Linseneintopf ohne Basilikum zubereiten, stattdessen Kürbisstücke, Chili- und Paprikapulver verwenden. Etwa 25 Minuten kochen, bis der Kürbis weich ist.

WINTER

Mit Wurzelgemüse und Kräutern

ERGIBT: 3 BIS 4 PORTIONEN

1 Grundrezept Linseneintopf (Seite 76)
1 Tasse (140 g) Pastinakenwurzel, in Würfel geschnitten
1 Tasse (140 g) Steckrübe, in Würfel geschnitten
2 Teelöffel frischer Rosmarin, fein gehackt
2 Teelöffel frischer Oregano, fein gehackt
2 Teelöffel frischer Salbei, fein gehackt

Den Linseneintopf nach dem Grundrezept zubereiten, das Basilikum weglassen und stattdessen mit der Gemüsebrühe das Wurzelgemüse und die Kräuter dazugeben.

4

Vorspeisen und kleine Gerichte

Wenn mein Mann und ich auswärts essen, fällt es uns oft schwer, uns auf eine Vorspeise zu einigen. Meist entscheiden wir uns ganz spontan, doch ein kleines Häppchen mit Hummus oder eine Vorspeise mit Käse mundet uns immer. Und wenn wir keinen Kompromiss finden, bestellen wir zwei Vorspeisen statt einer. (Obwohl sich das als gefährlich herausgestellt hat, denn wir mögen beide Vorspeisen und neigen dazu, uns damit den Bauch vollzuschlagen – mit dem Resultat, dass wir uns dann vom Hauptgericht das meiste einpacken lassen und mit nach Hause nehmen.)

Wenn ich mich gar nicht für eine Vorspeise entscheiden kann, bestelle ich einfach einen gemischten Vorspeisenteller, der von allem etwas zu bieten hat, und verzichte anschließend auf den Hauptgang. Das hat einen weiteren Vorteil: Viele Restaurants haben ein reichhaltiges Angebot von würzigen und interessanten Vorspeisen. Darunter findet man beispielsweise auch Chipotle-Tacos oder Teigtaschen mit scharfer Füllung.

Ursprünglich sollte dieses Kapitel anders heißen, nämlich: „Rezepte, die eigentlich Vorspeisen sind, die ich aber meist als Hauptgericht verzehre“. Sie werden feststellen, dass viele der folgenden Rezepte in weniger als 10 Minuten fertig sind, während andere etwas zeitaufwendiger sind. Probieren Sie am besten gleich alle aus!

< *Bruschetta mit Sommerkürbis und Pesto*

Jiaozi (Teigtaschen aus Wantan-Teig)

Jiaozi sehen auf den ersten Blick viel komplizierter aus, als ihre Zubereitung in Wirklichkeit ist. Sobald Sie das Falten einmal heraus haben, sind sie schnell gemacht. Sie ähneln den als „Wantan" in fast allen Chinarestaurants servierten Suppenklößchen, werden jedoch trocken gegessen. Wenn ich etwas mehr Zeit habe, mache ich gleich eine größere Menge davon und friere sie ein, um sie im Notfall schnell aufzuwärmen. Jiaozi geben sowohl eine gute Vorspeise als auch einen leichten Snack ab.

Diese Teigtaschen lassen sich frittieren und dämpfen. Gedämpft sind sie leichter verdaulich. Ich bereite sie meist folgendermaßen zu: Zuerst brate ich sie in ganz wenig Öl an und anschließend dämpfe ich sie.

Grundrezept Jiaozi mit süßsaurer Sojasauce

ERGIBT: 18 BIS 24 TEIGTASCHEN

Süßsaure Sojasauce

1 Esslöffel Sojasauce
2 Teelöffel Honig
1 Esslöffel Reisessig

Teigtaschen

1 Tasse (70 g) Gemüse, grob geraspelt
2 Esslöffel Sesamsamen
18 bis 24 Wantan-Blätter (Quadrate oder Kreise)
1 Esslöffel Sesam- oder Erdnussöl
¼ Tasse (60 ml) Wasser

Für die Sauce alle Zutaten in einer kleinen Schüssel mit dem Schneebesen gut verrühren.

Für die Teigtaschen in einer Schüssel das geraspelte Gemüse mit den Sesamsamen vermengen. Die Sojasauce darübergießen und gut unterheben.

Zum Zusammensetzen der Teigtaschen sollten Sie eine Schüssel mit Wasser zum Befeuchten der Fingerspitzen bereitstellen, daneben die Schüssel mit der Füllung und die Teigblätter.

Für jede Teigtasche jeweils ein Teigblatt nehmen, 2 Teelöffel der Gemüsefüllung in die Mitte geben, die Fingerspitzen in das Wasser tauchen und den Rand des Teigblatts befeuchten. Nun beide Seiten über der Füllung zusammenfalten (oder die Ecken, wenn Sie quadratische Wantan-Blätter verwenden) und aneinanderdrücken. Danach sollte die Teigtasche geschlossen sein.

Zum Anbraten und Dämpfen das Sesamöl in einer großen Pfanne auf hoher Flamme erhitzen. Setzen Sie die Jiaozi so nebeneinander, dass sie sich in der Pfanne nicht berühren, und braten Sie sie etwa 1 Minute an, bis sie an der Unterseite braun sind. Anschließend mit dem Wasser aufgießen. Einen gut schließenden Deckel aufsetzen und 2 Minuten dämpfen, bis die Taschen weich sind.

Sofort servieren. Gedämpfte Jiaozi sollten unverzüglich verzehrt werden.

Jiaozi mit Pak Choi, Erbsen und Ingwer >

FRÜHLING

Mit Pak Choi, Erbsen und Ingwer

ERGIBT: 18 BIS 24 TEIGTASCHEN

1 Grundrezept Jiaozi mit süßsaurer Sojasauce (Seite 80)
1 Esslöffel Olivenöl
¾ Tasse (100 g) grüne Erbsen
1 Teelöffel frische Ingwerwurzel, gerieben
1½ Tassen (120 g) Pak Choi, fein geschnitten

Das Olivenöl in einer Pfanne auf mittlerer Flamme erhitzen. Erbsen und Ingwer dazugeben und 2 Minuten anbraten. Pak Choi hinzufügen und 1 Minute dünsten, bis er zusammenfällt. Die Pfanne vom Feuer nehmen und die Hälfte der Sojasauce dazugeben, dann die Sesamsamen unterheben.
Die Teigtaschen zusammensetzen, wie im Grundrezept beschrieben, und die Erbsen-Pak-Choi-Mischung als Füllung verwenden.

SOMMER

Mit gebackenen Zucchini

ERGIBT: 18 BIS 24 TEIGTASCHEN

1 Grundrezept Jiaozi mit süßsaurer Sojasauce (Seite 80)
1½ Tassen (150 g) Zucchini, in 5 mm große Würfel geschnitten
¼ Tasse (35 g) rote Zwiebeln, fein gehackt
1 Esslöffel Olivenöl
2 Esslöffel Koriandergrün, fein gehackt
½ Esslöffel Limettensaft

Den Backofen auf 200 °C vorheizen.
Zucchiniwürfel, Zwiebeln sowie Olivenöl in einer Auflaufform vermengen und etwa 30 Minuten backen, bis das Gemüse braun wird. Aus dem Ofen nehmen und mit Koriandergrün, der Hälfte der Sojasauce sowie mit Limettensaft statt Reisessig und den Sesamsamen aus dem Grundrezept verrühren.
Die Teigtaschen nach dem Grundrezept zusammensetzen und die Zucchinimischung als Füllung verwenden.

HERBST

Mit gebackenem Kürbis und Chilisauce

ERGIBT: 18 BIS 24 TEIGTASCHEN

1 Grundrezept Jiaozi mit süßsaurer Sojasauce (Seite 80)
1 Moschus-Kürbis, halbiert
1 Esslöffel Sriracha-Chilisauce

Den Backofen auf 220 °C vorheizen.
Den Moschus-Kürbis *(Cucurbita moschata)* von Kernen befreien, mit der Innenseite nach unten in eine Auflaufform geben und diese ½ Zentimeter hoch mit Wasser füllen. Im Backofen etwa 45 Minuten garen, bis der Kürbis weich ist. Den Kürbis abkühlen lassen und das Fleisch herausschaben. Srirachasauce und Sojasauce mischen, 1 Tasse (200 Gramm) Kürbisfleisch damit würzen und als Füllung auf die Wantan-Blätter geben.

TIPP *Als Füllung können Sie alternativ auch Süßkartoffeln oder Butternut-Kürbis verwenden.*

WINTER

Mit Rosenkohl und Knoblauch

ERGIBT: 18 BIS 24 TEIGTASCHEN

1 Grundrezept Jiaozi mit süßsaurer Sojasauce (Seite 80)
230 Gramm Rosenkohl, geputzt
2 Knoblauchzehen, fein gehackt
1 Esslöffel Olivenöl

Den Backofen auf 200 °C vorheizen.
Wasser in einem Topf zum Kochen bringen. Die Rosenkohlköpfchen hineingeben, 4 Minuten sprudelnd kochen lassen und abgießen. In einer Auflaufform Rosenkohl mit Knoblauch sowie Olivenöl vermischen und 25 Minuten backen. Aus dem Ofen holen und abkühlen lassen. Den Rosenkohl in die Küchenmaschine geben und mit der Pulse-Taste fein zerkleinern.
Nach Wunsch süßsaure Sojasauce unter die Rosenkohlmischung heben und die Teigtaschen zubereiten, wie im Grundrezept angegeben, dabei den Rosenkohl als Füllung verwenden.

Hummus

Von allen Gerichten in diesem Buch bereite ich Hummus am häufigsten zu. Es ist quasi mein kulinarischer Alleskönner. Wir bekommen unerwartet Besuch, der sehr hungrig ist – dann mache ich Hummus. Ich habe Gemüsereis zubereitet, aber so richtig satt sind wir noch nicht – dann greifen wir zu Hummus. Ich will unbedingt gegrillte Käsesandwiches essen, aber natürlich eine gesunde Variante davon – dafür nehme ich Hummus.

Obwohl Hummus hier bei den Vorspeisen aufgeführt ist, nutze ich es eher als universelles Würzmittel. Ich streiche es auf Sandwiches, gebe es auf Salate oder werte damit Getreide- und Gemüsereste auf. Manchmal essen mein Mann und ich kalt zu Abend, dann gibt es Käse, Oliven, Brot, eine große Schüssel Hummus und etwas Obst. Falls Sie es noch nicht bemerkt haben sollten: Ich liebe Hummus!

Es gibt ein paar traditionelle Techniken bei der Zubereitung von Hummus, wie beispielsweise diese: Wenn man glattes Hummus haben will, sollte man vor dem Pürieren die Schale von den Kichererbsen entfernen. Ich mache Hummus lieber auf die Schnelle und mag es, wenn es eine etwas körnige Konsistenz hat. Daher halte ich mich nicht an diese Regel. Doch zum Ausgleich püriere ich die anderen Zutaten gründlich, bevor ich die Kichererbsen dazugebe. Übrigens können Sie Hummus auch aus dicken Bohnen oder den kleinen weißen Canellinibohnen zubereiten.

Grundrezept Traditionelles Hummus

ERGIBT: 2 TASSEN (480 GRAMM)

1 Knoblauchzehe
¼ Tasse (60 g) Tahin (Sesammus)
3 Esslöffel Zitronensaft
3 Esslöffel Olivenöl
420 Gramm gekochte Kichererbsen, abgegossen und unter kaltem Wasser abgespült, das abgegossene Kochwasser aufbewahren
¼ Teelöffel Salz
¼ Teelöffel schwarzer Pfeffer
etwas Olivenöl zum Garnieren
etwas schwarzer Pfeffer zum Bestreuen

Den Knoblauch in der Küchenmaschine pürieren. Tahin, Zitronensaft und Olivenöl dazugeben und mit der Pulse-Taste einarbeiten. Anschließend Kichererbsen, Salz sowie Pfeffer hinzufügen. Die Küchenmaschine laufen lassen, bis das Püree glatt ist. Dabei für eine cremigere Konsistenz, falls erforderlich, esslöffelweise das Kichererbsenwasser dazugeben.

Mit einem dünnen Faden Olivenöl garniert und mit schwarzem Pfeffer bestreut servieren.

In einem luftdicht verschlossenen Behälter hält sich das Traditionelle Hummus im Kühlschrank etwa 1 Woche.

Traditionelles Hummus mit Kürbispüree >

FRÜHLING

Mit Dicken Bohnen

ERGIBT: 1½ TASSEN (360 GRAMM)

1 Grundrezept Traditionelles Hummus (Seite 84)
1½ Tassen (270 g) Dicke Bohnen, enthülst
2 Esslöffel glatte Petersilie, grob gehackt

Einen Topf mit Wasser zum Kochen bringen. Die Bohnen hineingeben und 4 Minuten sprudelnd kochen lassen. Abgießen und die weiße Haut entfernen.
Das Hummus zubereiten, wie im Grundrezept beschrieben, dabei statt der Kichererbsen Bohnen verwenden und die Petersilie mit den Bohnen in der Küchenmaschine verarbeiten.

SOMMER

Mit Koriander und Limette

ERGIBT: 2 TASSEN (480 GRAMM)

1 Grundrezept Traditionelles Hummus (Seite 84)
3 Esslöffel Limettensaft
½ Teelöffel abgeriebene Limettenschale (von einer Bio-Limette)
¼ Tasse (4 g) Koriandergrün
¼ Teelöffel geräuchertes Paprikapulver (Pimentón de la Vera) zum Bestreuen
etwas Olivenöl zum Garnieren

Das Hummus nach dem Grundrezept zubereiten, dabei den Zitronensaft durch Limettensaft ersetzen.
Sobald Sie das Hummus glatt püriert haben, die Limettenschale sowie das Koriandergrün mit der Pulse-Taste einarbeiten und weiterrühren, bis das Hummus wieder glatt wird.
Mit einem dünnen Faden Olivenöl garniert und statt mit dem schwarzem Pfeffer mit Räucherpaprika bestreut servieren.

HERBST

Mit Kürbispüree

ERGIBT: 2½ TASSEN (600 GRAMM)

1 Grundrezept Traditionelles Hummus (Seite 84)
½ Tasse (125 g) Kürbispüree (Seite 142)
1 Chipotle-Chili in Adobosauce, fein gehackt (nach Geschmack etwas mehr zum Garnieren)
1 Esslöffel Adobosauce (nach Geschmack etwas mehr zum Garnieren)

Das Hummus nach dem Grundrezept zubereiten.
Kürbispüree, Chipotle-Chili und Adobosauce mit dem Tahin dazugeben und mit der Pulse-Taste einarbeiten.
Mit 1 fein gehackten Chipotle-Chili und etwas Adobosauce garniert servieren.

WINTER

Mit gebackenem Knoblauch und Lauch

ERGIBT: 2 TASSEN (480 GRAMM)

1 Grundrezept Traditionelles Hummus (Seite 84)
1 Knoblauchknolle
2 Esslöffel Olivenöl
1 großer Lauch, nur der weiße Teil

Den Backofen auf 200 °C vorheizen.
Die Spitze der Knoblauchknolle abschneiden, sodass die Zehen sichtbar sind, 1 Esslöffel Olivenöl über den Knoblauch geben und in Alufolie einwickeln. Im Backofen 35 Minuten lang weich backen. Aus dem Ofen nehmen und abkühlen lassen.
Den Knoblauch aus den Schalen drücken und beiseitestellen.
Den Lauch in Scheiben schneiden, in eine Schüssel geben und mit Wasser bedecken. Zum Spülen etwas hin und her bewegen und das Wasser anschließend abgießen.
Dann 1 Esslöffel Olivenöl in einer kleinen Pfanne erhitzen, den Lauch dazugeben und 5 Minuten lang garen, bis er weich ist.
Das Hummus mit 7 bis 8 gebackenen Knoblauchzehen und Lauch statt der frischen Knoblauchzehe zubereiten.

Salsa

Ich gebe es zu, ich bin ganz verrückt nach selbst gemachter Salsa! Jeden Sommer koche ich große Mengen davon ein und gegen Jahresende fange ich an, die kostbaren Saucen zu rationieren, damit meine Vorräte bis zur nächsten Tomatensaison ausreichen. Wie Hummus habe ich auch Salsa in diesem Kapitel untergebracht, obwohl es sich dabei eigentlich eher um ein Würzmittel handelt. Salsa ist unglaublich vielseitig. Ich würze damit z. B. Eiergerichte, reiche sie zu Quesadillas (Seite 61) und natürlich auch zu Tacos.

Mein Mann und ich haben, was Salsa angeht, allerdings ganz unterschiedliche Vorlieben: Er mag sie süß (wofür ich Ananas oder Mango dazugebe) und ich mag sie eher pikant und scharf. Und so habe ich viel herumexperimentiert, um die „ideale" Salsa für uns beide zu finden. Meine Lieblingsvariante ist ganz einfach: Sie besteht im Wesentlichen aus geschmorten Tomaten (und schmeckt wie die Sommervariante auf Seite 89). Doch durch das Hinzufügen von Früchten bekommt sie eine herrlich frische Note.

Salsa lädt dazu ein, mit den unterschiedlichen Aromen verschiedener Tomatensorten zu experimentieren: Ich mag sie am liebsten mit Eiertomaten, vor allem, wenn ich die Tomaten im Backofen unter dem Grill schmore. Aber es gibt so viele andere Tomatensorten, die Sie unbedingt ausprobieren sollten. Frisch zubereitete Salsa hält sich im Kühlschrank etwa 1 Woche, also machen Sie ruhig mehr davon. Vermutlich werden auch Sie (wie ich) bald süchtig danach sein.

Grundrezept
Salsa aus frischen Tomaten

ERGIBT: 3 TASSEN (780 GRAMM)

900 Gramm Eiertomaten, in Würfel geschnitten
½ rote Zwiebel, in Würfel geschnitten
1 Jalapeñoschote, entkernt und fein gehackt
1 Knoblauchzehe, fein gehackt
Saft und abgeriebene Schale von 1 Bio-Limette
¼ Tasse (4 g) Koriandergrün, fein gehackt
½ Teelöffel Meersalz

Verrühren Sie die Zutaten für die Sauce einfach in einer Schüssel.

Vor dem Servieren etwa 1 Stunde durchziehen lassen.

FRÜHLING

Mit Radieschen und Frühlingszwiebeln

ERGIBT: 1½ TASSEN (390 GRAMM)

1 Bund Radieschen
4 Frühlingszwiebeln, in dünne Ringe geschnitten
1 Esslöffel Jalapeñoschote, entkernt und fein gehackt
2 Esslöffel Petersilie, fein gehackt
1 Esslöffel Zitronensaft, frisch gepresst
¼ Teelöffel Meersalz
2 Messerspitzen schwarzer Pfeffer

Die Radieschen in hauchdünne Scheiben hobeln. Alle Zutaten in eine Schüssel geben und gut vermengen.
Vor dem Servieren 20 Minuten ziehen lassen.

SOMMER

Mit geschmorten Tomaten und Mais

ERGIBT: 2½ BIS 3 TASSEN (650 BIS 780 GRAMM)

1 Grundrezept Salsa aus frischen Tomaten (Seite 87)
2 frische Maiskolben
1 Esslöffel Olivenöl

Den Backofen auf 200 °C vorheizen und zwei Bleche mit Backpapier auslegen.
Die Maiskörner von dem Kolben lösen, mit ½ Esslöffel Olivenöl vermengen und auf einem der Backbleche verteilen. Tomatenwürfel, Zwiebeln, Jalapeño und Knoblauch (Grundrezept), mit Olivenöl vermengt, auf dem anderen Blech verteilen.
Den Mais etwa 30 Minuten backen, die Tomatenmischung 40 bis 50 Minuten, bis die Haut der Tomaten braun zu werden beginnt. Beides aus dem Ofen nehmen und abkühlen lassen.
Die Tomatenmischung mit den restlichen Zutaten (Grundrezept) in der Küchenmaschine zu einer stückigen Sauce verarbeiten. Den Mais unterrühren und servieren.

< Salsa mit Cranberrys und Limetten

HERBST

Mit Tomatillos

ERGIBT: 1½ TASSEN (390 GRAMM)

500 Gramm Tomatillos
⅓ Tasse (50 g) Poblano-Paprikaschoten, ohne Kerne und weiße Innenhäute, in Würfel geschnitten
½ rote Zwiebel, in Würfel geschnitten
1 Knoblauchzehe, fein gehackt
2 Esslöffel Limettensaft
¼ Tasse (4 g) Koriandergrün
½ Teelöffel Meersalz

Einen großen Topf mit Wasser zum Kochen bringen. Die Tomatillos hineingeben und 2 Minuten kochen lassen. Abgießen, abkühlen lassen und anschließend die Haut abziehen. Die Tomatillofrüchte in große Stücke schneiden, die restlichen Zutaten dazugeben und in der Küchenmaschine mit der Pulse-Taste zu einer homogenen Sauce verarbeiten.

WINTER

Mit Cranberrys und Limetten

ERGIBT: 2½ TASSEN (650 GRAMM)

¼ mittelgroße rote Zwiebel
1 Jalapeñoschote, entkernt
2 Tassen (210 g) Cranberrys
2 Mandarinen
¼ Tasse (4 g) Koriandergrün, fein gehackt
Saft von 1 Limette
¼ Teelöffel Meersalz
2 Esslöffel Honig

In der Küchenmaschine Zwiebel und Jalapeñoschote zerkleinern. Die restlichen Zutaten dazugeben und mit der Pulse-Taste zu einer stückigen Sauce verarbeiten.
Nach Belieben abschmecken.
Für weniger Schärfe verwenden Sie einfach nur ein Stück Jalapeñoschote.

Crostini

Auf Partys sind meine Augen meist auf das Büfett gerichtet. Nicht, weil ich dauernd hungrig wäre oder etwa anderen Gäste aus dem Weg gehen wollte. Die Gerichte auf dem Büfett interessieren mich einfach und ich bin stets auf der Suche nach kulinarischen Inspirationen. Dabei ist mir aufgefallen, dass es auf jeder Party irgendeine Art von Brot mit einem leckeren Belag gibt. Und diese Häppchen vertilgen die Leute meist in rauen Mengen. Das kann Bruschetta (Seite 100) sein oder auch Crostini, die Sie mit nahezu jedem Belag servieren können.

Das A und O von leckeren Crostini ist natürlich das Brot. Ich nehme dafür gern Sauerteigbrot aus Vollweizenmehl, das ich in etwa 1 Zentimeter dicke Scheiben schneide. Lassen Sie Ihrer Kreativität freien Lauf, was den Belag angeht. Erlaubt ist, was gefällt!

Wenn ich eine Vorspeise brauche, die sich gut vorbereiten lässt, entscheide ich mich meistens für Crostini. Den Belag können Sie bis zu 2 Tage vorher zubereiten und das Brot ist schnell geröstet. Alternativ können Sie dafür natürlich auch glutenfreies Brot nehmen. Für welche Brotsorte auch immer Sie sich entscheiden, rösten Sie es erst unmittelbar vor dem Servieren, damit es nicht durchweicht.

Grundrezept Crostinibrot

ERGIBT: 16 BIS 20 STÜCK ODER 4 BIS 6 PORTIONEN

1 Laib Vollweizenbrot oder -baguette
1 Knoblauchzehe, geschält und halbiert
2 Esslöffel Olivenöl

Schneiden Sie das Brot in etwa 1 Zentimeter dicke Scheiben. Reiben Sie es auf beiden Seiten mit der Knoblauchzehe ab und bestreichen Sie es mit Olivenöl. Unter den Backofengrill geben und 1 Minute rösten.

Ganz nach Geschmack belegen und sofort servieren.

FRÜHLING

Mit Mascarpone, Gurke und Dill

ERGIBT: 16 BIS 20 CROSTINI

1 Grundrezept Crostinibrot (Seite 90)
1 Zweig frischer Dill zum Garnieren (Menge nach Geschmack)

Marinierte Salatgurke

1 kleine Salatgurke
je 1 Esslöffel Olivenöl und Zitronensaft
1 Teelöffel abgeriebene Zitronenschale (von einer Bio-Zitrone)
1 Knoblauchzehe, fein gehackt

Mascarponecreme

110 Gramm Mascarpone
2 Teelöffel Honig
1 Esslöffel frischer Dill
je 2 Messerspitzen Meersalz und schwarzer Pfeffer

Die Gurke in dünne Scheiben hobeln. Mit Olivenöl, Zitronensaft und -schale sowie Knoblauch verrühren und zugedeckt 1 Stunde ziehen lassen.

Für die Creme in einer kleinen Schüssel Mascarpone, Honig, Dill, Salz und Pfeffer gründlich verrühren, bis die Creme glatt und schaumig ist.

Die Crostini nach dem Grundrezept zubereiten.

Sobald das Brot fertig geröstet ist, zuerst 1 Esslöffel Mascarponecreme auf jeder Scheibe verteilen und anschließend die marinierte Gurke daraufgeben. Mit einem Dillzweig garnieren.

SOMMER

Mit Kirschenchutney und Pistazien

ERGIBT: 16 BIS 20 CROSTINI

1 Grundrezept Crostinibrot (Seite 90)
½ Tasse (75 g) geröstete Pistazienkerne
60 Gramm Ziegenkäse, zerkrümelt

Kirschenchutney

1 Esslöffel Olivenöl
¼ Tasse (35 g) rote Zwiebeln, fein gewürfelt
1 Teelöffel frische Ingwerwurzel, fein gehackt
2 Esslöffel Apfelessig
1 Esslöffel Zuckerrohrmelasse
2 Tassen (300 g) Kirschen, ohne Stein
¼ Teelöffel Meersalz
½ Teelöffel gemahlener Zimt
1 Teelöffel abgeriebene Zitronenschale (von einer Bio-Zitrone)
1 Esslöffel Zitronensaft, frisch gepresst
¼ Tasse (60 ml) Wasser (nach Bedarf mehr)
½ Tasse (75 g) helle Rosinen
1 Prise Chiliflocken (wahlweise)

Für das Chutney das Öl in einem mittelgroßen Topf erhitzen und Zwiebeln sowie Ingwer darin 3 Minuten anbraten. Mit dem Essig ablöschen und die restlichen Zutaten hinzufügen. Die Hitze reduzieren und das Chutney 15 bis 20 Minuten köcheln lassen. Vom Feuer nehmen, durchziehen lassen.

Die gerösteten Crostini mit 2 bis 3 Esslöffeln Chutney bestreichen und mit Pistazien sowie Ziegenkäse bestreuen.

HERBST

Mit Trauben-Relish und Honig-Ricotta

ERGIBT: 16 BIS 20 CROSTINI

1 Grundrezept Crostinibrot (Seite 90)

Trauben-Relish

je 1 Tasse (140 g) grüne und rote Weintrauben
1 Esslöffel Honig
1 Teelöffel frische Minze, fein gehackt
1 Esslöffel Walnussöl
2 Esslöffel Walnüsse
Meersalz (Menge nach Geschmack)

Honig-Ricotta

1 Tasse (240 g) Ricotta
1 Esslöffel Honig

Die Trauben abspülen, halbieren und in eine Schüssel geben. Honig, Minze, Nussöl, Walnüsse und Meersalz hinzufügen und gut vermengen.
In einer zweiten Schüssel Ricotta und Honig verrühren.
Die Crostini nach dem Grundrezept zubereiten.
Auf jede Brotscheibe 1 bis 2 Esslöffel Ricotta streichen. Die Traubenmischung darübergeben und servieren.

TIPP *Die Traubenmischung können Sie auch schon am Vortag zubereiten und bis zur Verwendung im Kühlschrank aufbewahren.*

WINTER

Mit Ziegenkäse, gebackenem Knoblauch und Petersilienpesto

ERGIBT: 16 BIS 20 CROSTINI

1 Grundrezept Crostinibrot (Seite 90)
geröstete Pinienkerne, gehackt, zum Garnieren

Belag

40 Gramm Frischkäse (in Zimmertemperatur)
110 Gramm Ziegenfrischkäse (in Zimmertemperatur)
6 Zehen gebackener Knoblauch (Seite 86)
¼ Tasse (60 ml) Schlagsahne
je ¼ Teelöffel Meersalz und schwarzer Pfeffer
etwas Honig (Menge nach Geschmack)

Petersilienpesto

1 Tasse (60 g) glatte Petersilie
je 2 Esslöffel Olivenöl und Zitronensaft
1 Esslöffel geröstete Pinienkerne

In einer Schüssel alle Zutaten *für den Belag* gut verrühren, bis eine schaumige Masse entsteht.
Aus den Zutaten *für das Pesto* im Mixer ein glattes Püree herstellen.
Die Crostini zubereiten, wie im Grundrezept beschrieben.
Auf jede Scheibe 2 bis 3 Esslöffel der Käse-Knoblauch-Mischung streichen. Etwas Pesto daraufgeben und mit Pinienkernstücken bestreut servieren.

Frühlingsrollen

Frühlingsrollen lassen sich einfach zubereiten, sobald man die Wickeltechnik gemeistert hat und mit dem nassen Reispapier umzugehen weiß. Am einfachsten geht es, wenn man das Reispapier im Wasser liegen lässt, bis es weich zu werden beginnt, und es dann auf der Arbeitsfläche weiterverarbeitet. Je weicher das Reispapier aber wird, desto schwieriger lässt es sich handhaben. Nehmen Sie es hingegen noch fast hart aus der Schüssel, wird es erst weich, während Sie es füllen.

Der einzige Nachteil von Frühlingsrollen besteht darin, dass sie ganz frisch zubereitet werden müssen. Wenn Sie sie aufbewahren, wird das Reispapier wieder hart und platzt auf. Vermeiden lässt sich dies, indem Sie die Frühlingsrollen bis zum Backen in ein feuchtes Papiertuch einschlagen und in einem luftdicht verschlossenen Behälter in den Kühlschrank stellen. Frühlingsrollen lassen sich gut aufbewahren, wenn man das Reispapier permanent feucht hält.

Reispapier bekommen Sie übrigens in Asialäden und gut sortierten Feinkosthandlungen.

Grundrezept Frühlingsrollen

ERGIBT: 8 BIS 10 FRÜHLINGSROLLEN

170 Gramm Vollreisnudeln
8 bis 10 Reispapierblätter
3 bis 4 Tassen (300–400 g) Gemüse, geraspelt oder in Stifte gehobelt

Soja-Ingwer-Dip

3 Esslöffel Sojasauce
2 Esslöffel Reisessig
2 Esslöffel Hoisin-Sauce
1 Teelöffel frische Ingwerwurzel, fein gehackt
1 Teelöffel Sriracha-Chilisauce

Die Nudeln nach der Packungsanleitung kochen. Abgießen und unter kaltem Wasser abschrecken. Dann nebeneinander auf der Arbeitsfläche anordnen: die gekochten Nudeln, Reispapier, das Gemüse, eine Schüssel mit heißem Wasser, die groß genug für das Reispapier ist, und ein Schneidbrett.

Das Reispapier 10 bis 15 Sekunden einweichen, bis es geschmeidig, aber noch nicht ganz weich ist. (Wie lange dies dauert, hängt von der Wassertemperatur ab.) Das Reispapier auf das Schneidbrett legen und ⅓ Tasse (45 Gramm) gekochte Nudeln sowie ½ Tasse (50 Gramm) Gemüse darauf verteilen, und zwar so, dass auf der Seite des Reispapiers, die am weitesten von Ihnen entfernt ist, ein unbelegter Rand bleibt. Nun das Reispapier zu diesem Rand hin aufrollen und dabei die seitlichen Ränder einklappen. Den unbelegten Rand noch einmal mit Wasser befeuchten. Die Rolle darüberklappen und schon ist die Frühlingsrolle fertig. Die restlichen Frühlingsrollen ebenso füllen und aufrollen.

Für den Dip alle Zutaten in einer kleinen Schüssel mit dem Schneebesen verrühren und zu den gebackenen Frühlingsrollen reichen.

TIPP *Reispapier für Frühlingsrollen gibt es in runder oder quadratischer Form, aus weißem Reis und aus Vollreis. Ich nehme am liebsten Reispapier aus Vollreis und rate Ihnen, die verschiedenen Sorten selbst auszuprobieren, um Ihren Favoriten auszuwählen.*

FRÜHLING

Mit Frühlingszwiebeln und geröstetem Sesam

ERGIBT: 8 BIS 10 FRÜHLINGSROLLEN

1 Grundrezept Frühlingsrollen (Seite 93)
1 Bund Frühlingszwiebeln
1 Esslöffel Olivenöl
1 Teelöffel Honig
1 Esslöffel Sesamsamen
2 Tassen (80 g) Brunnenkresse

Den Backofen auf 190 °C vorheizen.
Die Frühlingszwiebeln waschen, den unteren Teil sowie die harten grünen Teile abschneiden, sodass noch der weiße Teil und etwa 10 Zentimeter von dem grünen Teil übrig bleiben. Jede Frühlingszwiebel der Länge nach halbieren und in 2 bis 3 Streifen schneiden. Die Zwiebelstreifen in eine Auflaufform geben, mit Olivenöl, Honig sowie Sesamsamen vermengen und etwa 15 Minuten rösten, bis sie weich sind und anfangen zu bräunen.
Die Frühlingsrollen nach dem Grundrezept zubereiten, dabei Frühlingszwiebeln und Brunnenkresse als Gemüseeinlage zu der Füllung geben.
Mit dem Soja-Ingwer-Dip servieren.

SOMMER

Mit marinierten Gurkennudeln

ERGIBT: 8 BIS 10 FRÜHLINGSROLLEN

1 Grundrezept Frühlingsrollen (Seite 93)
1 große Salatgurke
½ rote Zwiebel, in dünne Ringe geschnitten
1 Teelöffel schwarzer Pfeffer
½ Teelöffel Senfpulver
1 Messerspitze Fenchelsamen, gemahlen
1 Messerspitze gemahlene Nelken
¼ bis ½ Teelöffel Chiliflocken
½ Tasse (120 ml) Wasser
3 Esslöffel Weißweinessig
1 Teelöffel Meersalz

Die Gurke mit dem Spiralschneider zu Spaghetti schneiden. Mit den Zwiebelringen sowie den Gewürzen vermengen und in einem luftdicht verschlossenen Behälter marinieren.
In einem kleinen Topf Wasser, Essig und Salz zum Kochen bringen. Vom Feuer nehmen und über die Gurkennudeln gießen. Abkühlen lassen, den Deckel wieder aufsetzen und über Nacht im Kühlschrank ziehen lassen.
Die Frühlingsrollen nach dem Grundrezept zubereiten, dabei die Gurkennudeln als Gemüse zu der Füllung geben.
Die Soja-Ingwer-Sauce dazu reichen.

TIPP *Wenn Sie keinen Spiralschneider haben, können Sie die Gurken auch mit dem Sparschäler zu Bandnudeln schneiden und diese mit einem Messer in Spaghetti zerteilen.*

HERBST

Mit gegrillten Süß-kartoffeln und Koriandersauce

ERGIBT: 8 BIS 10 FRÜHLINGSROLLEN

1 Grundrezept Frühlingsrollen (Seite 93)

Süßkartoffeln

1 große Süßkartoffel
1 Esslöffel Kokosfett, geschmolzen
1/4 Teelöffel Meersalz
1/2 Teelöffel gemahlener Kreuzkümmel

Koriandersauce

2 Esslöffel vollfette Kokosmilch
1/4 Tasse (4 g) Koriandergrün
1/2 Teelöffel frische Ingwerwurzel, fein gerieben
1/2 Teelöffel Knoblauch, fein gehackt
2 Esslöffel Limettensaft, frisch gepresst

Den Elektrogrill vorheizen.
Die Süßkartoffel schälen und der Länge nach in 5 Millimeter dicke Scheiben schneiden. Einen Topf mit Wasser zum Kochen bringen, die Kartoffelscheiben darin 4 Minuten köcheln lassen und abgießen.
Das Kokosfett mit Salz und Kreuzkümmel verrühren, die Kartoffelscheiben damit bestreichen und auf jeder Seite 5 Minuten grillen. Vom Grill nehmen, leicht abkühlen lassen und in Stifte schneiden.
Für die Sauce in einer kleinen Schüssel alle Zutaten mit dem Schneebesen gut verrühren.
Die Frühlingsrollen zubereiten, wie im Grundrezept angegeben.
Die Koriandersauce unter die Reisnudeln rühren und die Süßkartoffeln zu der Füllung geben.
Mit dem Dip auf den Tisch bringen.

WINTER

Mit Sellerie, Grünkohl und Erdnusssauce

ERGIBT: 8 BIS 10 FRÜHLINGSROLLEN

1 Grundrezept Frühlingsrollen (Seite 93)
1 große Sellerieknolle, geschält und in Stifte geschnitten
1 Esslöffel Olivenöl
2 Tassen (80 g) Grünkohl, ohne Stiele, in Streifen geschnitten
1 Rezept Erdnusssauce (Seite 48)

Den Backofen auf 200 °C vorheizen.
Die Selleriestifte mit Olivenöl vermengen, in einer Lage auf dem Backblech verteilen und etwa 25 Minuten weich backen.
Die Reisnudeln abgießen, jedoch nicht abschrecken, sondern den Grünkohl unterheben. Ziehen lassen, bis die Grünkohlstreifen weich sind.
Dann die Frühlingsrollen nach dem Grundrezept zubereiten, dabei Selleriestifte und die Nudel-Grünkohl-Mischung als Füllung verwenden.
Mit Erdnusssauce servieren.

Turnovers (Teigtaschen aus Mürbeteig)

Hätten Sie mir in meinen Kindertagen gesagt, dass es Turnovers (die ihren Namen dadurch erhalten haben, dass man eine Teighälfte der Quadrate über die Füllung schlägt) auch mit pikanter Füllung gibt, so hätte ich Ihnen das nicht geglaubt, weil ich sie nur mit Kirsch- oder Apfelfüllung und Zuckerguss obenauf kannte. In der Bäckerei allerdings machten wir Turnovers mit einer Füllung aus Spinat und Schafskäse. Das hat schließlich meine Perspektive verändert.

Für diese Turnovers verwende ich denselben Mürbeteig wie für Obst-Pies. Mit Vollkornmehl bekommen sie eine knusprige, leicht krümelige Kruste. Sie können Turnovers auch mit Blätterteig zubereiten ... und den Boden vor dem Füllen mit etwas Doppelrahmfrischkäse bestreichen.

Die fertigen Turnovers können Sie 1 bis 2 Tage im Kühlschrank aufbewahren oder einfrieren, dann halten sie noch länger. (In beiden Fällen sollten Sie darauf achten, dass die Füllung vollständig abgekühlt ist, bevor Sie sie auf den Teigquadraten verteilen.) Größere Turnovers bereite ich zu, wenn ich sie als Snack mit zur Arbeit nehmen möchte und kleinere als Fingerfood für die Party.

Grundrezept Pikante Turnovers

ERGIBT: 8 GROSSE ODER 12 KLEINE TEIGTASCHEN

1½ Tassen (180 g) Vollweizenmehl Type 1700
½ Teelöffel Meersalz
½ Tasse (110 g) kalte Butter
2 Esslöffel Ahornsirup
2 Esslöffel kaltes Wasser (nach Bedarf mehr)
1 Tasse (250 g) Füllung nach Wahl

Zum Bestreichen

1 großes Ei
1 Esslöffel Schlagsahne

Mehl und Salz in einer Schüssel vermengen. Mit den Händen die kalte Butter einarbeiten, bis der Teig bröselig ist. Ahornsirup sowie Wasser dazugeben und den Teig zu einer Kugel kneten. In Frischhaltefolie einschlagen und 15 Minuten in den Kühlschrank legen.

Den Backofen auf 190 °C vorheizen und ein Blech mit Backpapier auslegen.

Den Teig aus dem Kühlschrank holen und in zwei Hälften teilen. Auf einer bemehlten Arbeitsfläche zu einem Quadrat von etwa 40 x 40 Zentimetern ausrollen. Daraus 8 große oder 12 kleine Quadrate schneiden. Die Füllung gleichmäßig auf den Quadraten verteilen und dabei jeweils in die Mitte setzen. Eine Ecke anheben und über die Füllung falten. Die gefalteten Seiten des Teiges mit einer Gabel zusammendrücken.

Die fertiggestellten dreieckigen Teigtaschen mit ausreichendem Abstand auf das Backblech setzen. Zum Bestreichen das Ei mit der Sahne gründlich verrühren. Die Oberseite jeder Teigtasche damit einpinseln und etwa 25 Minuten backen, bis die Oberfläche goldbraun ist. Vor dem Servieren abkühlen lassen.

Übrig gebliebene gebackene Turnovers in einem luftdicht verschlossenen Behälter aufbewahren oder einfrieren.

Turnovers mit würzigen Kichererbsen und Wurzelgemüse >

FRÜHLING

Mit süßsauren Rhabarber-Linsen

ERGIBT: 8 GROSSE ODER 12 KLEINE TURNOVERS

1 Grundrezept Pikante Turnovers (Seite 96)

Füllung

1 Tasse (110 g) Rhabarber, in feine Würfel geschnitten
¾ Tasse (140 g) grüne Linsen
1½ Tassen (360 ml) natriumarme Gemüsebrühe
1 Teelöffel Ingwer, fein gehackt
1 Prise Chiliflocken
4 Medjoul-Datteln, entsteint
1 Knoblauchzehe, fein gehackt

Alle Zutaten *für die Füllung* in einen Topf geben. Zum Kochen bringen, die Hitze reduzieren und etwa 22 Minuten köcheln lassen, bis die Linsen weich sind und die Gemüsebrühe vollständig aufgesogen haben. Vom Feuer nehmen und mit der Gabel leicht zerdrücken.
Die Turnovers nach dem Grundrezept zubereiten und das grobe Linsenpüree als Füllung verwenden.

SOMMER

Mit Mais und Frischkäse

ERGIBT: 8 GROSSE ODER 12 KLEINE TURNOVERS

1 Grundrezept Pikante Turnovers (Seite 96)

Füllung

½ Esslöffel Olivenöl
Körner von 2 frischen Maiskolben
1 Knoblauchzehe, fein gehackt
1 Esslöffel frischer Rosmarin, fein gehackt
¼ Teelöffel Meersalz
¼ Teelöffel schwarzer Pfeffer
1 Esslöffel Schlagsahne
90 Gramm Doppelrahmfrischkäse (in Zimmertemperatur)

Für die Füllung das Olivenöl in einer Pfanne erhitzen. Die Maiskörner darin 4 Minuten anbraten. Knoblauch, Rosmarin, Meersalz sowie Pfeffer dazugeben und 1 Minute weitergaren. Vom Feuer nehmen und abkühlen lassen.
In einer Küchenmaschine Sahne und Frischkäse verrühren, bis eine glatte, schaumige Creme entsteht. Den Mais vorsichtig mit der Pulse-Taste einarbeiten. Er sollte sich nur leicht mit der Frischkäsemasse vermengen.
Die Turnovers nach dem Grundrezept zubereiten und die Frischkäse-Mais-Mischung als Füllung verwenden.

HERBST

Mit Currykartoffelpüree und gebackenem Knoblauch

ERGIBT: 8 GROSSE ODER 12 KLEINE TURNOVERS

1 Grundrezept Pikante Turnovers (Seite 96)

Füllung

230 Gramm mehlig kochende Kartoffeln, geschält und geviertelt
4 bis 5 Zehen gebackener Knoblauch (Seite 86)
2 Esslöffel vollfette Kokosmilch
1 Esslöffel Currypulver

Für die Füllung die Kartoffelviertel in einem Topf mit Wasser zum Kochen bringen und 5 Minuten kochen, bis sie weich sind, aber nicht zerfallen. Abgießen und in eine Schüssel geben. Das Knoblauchpüree dazugeben und unterrühren.
In einer zweiten Schüssel die Kokosmilch mit dem Currypulver vermischen. Zu dem Kartoffel-Knoblauch-Püree geben und gut unterziehen.
Die Turnovers nach dem Grundrezept zubereiten und das Kartoffelpüree als Füllung verwenden.

WINTER

Mit würzigen Kichererbsen und Wurzelgemüse

ERGIBT: 8 GROSSE ODER 12 KLEINE TURNOVERS

1 Grundrezept Pikante Turnovers (Seite 96)

Füllung

½ Tasse (60 g) Steckrüben, geschält und in Würfel geschnitten
½ Tasse (60 g) Pastinaken, geschält und in Würfel geschnitten
½ Tasse (60 g) Kohlrabi, geschält und in Würfel geschnitten
½ Tasse (60 g) gekochte Kichererbsen, abgegossen und unter kaltem Wasser abgespült
1 Esslöffel Limettensaft, frisch gepresst
½ Teelöffel gemahlener Kreuzkümmel
½ Teelöffel gemahlener Koriander
¼ Teelöffel Meersalz
¼ Teelöffel Pfeffer

Für die Füllung das Wurzelgemüse in einem Topf mit Wasser aufsetzen und etwa 12 Minuten kochen, bis es weich ist. Abgießen und in eine Schüssel geben.
Die Kichererbsen unterrühren. Die Mischung mit Limettensaft, Kreuzkümmel, Koriander, Salz und Pfeffer würzen. Das Ganze mit dem Kartoffelstampfer oder einer Gabel zu einem stückigen Brei verarbeiten.
Die Turnovers nach dem Grundrezept zubereiten und das würzige Kichererbsen-Gemüse-Püree als Füllung verwenden.

Bruschetta

Könnten Sie mir beim Kochen über die Schulter schauen, würden Sie sofort mitbekommen, dass ich ziemlich chaotisch bin und nach dem Kochen viel zu selten aufräume. Außerdem bin ich unorganisiert und muss z. B. oft die ganze Küche absuchen, um etwas Bestimmtes zu finden. Das Wort „Rezept" gebrauche ich eigentlich nur, wenn ich gerade an der Zusammenstellung eines Gerichts arbeite, die ich veröffentlichen möchte. Ansonsten mache alles mehr oder weniger nach Gefühl, schmecke hier ein bisschen ab und dicke dort ein wenig an. Für manche Gerichte braucht man auch einfach kein Rezept.

Dazu gehört z. B. Bruschetta. Der Sommer schenkt uns ja glücklicherweise reichlich Tomaten. Dann schnappe ich mir einfach ein paar, schätze ungefähr ab, wie viel Öl und Basilikum ich dafür brauche und verlasse mich ganz auf den guten Geschmack der Zutaten. Das ist für mich Easy-going-Küche vom Feinsten: knackig frische Zutaten mit einem Minimum an zusätzlichen Aromen.

Vermutlich haben Sie schon oft Bruschetta gegessen. Sie wird gern in Restaurants serviert und auch zu Hause ist sie schnell gemacht. Daher stelle ich Ihnen hier ein paar ungewöhnliche Variationen vor, die zwar auch auf dem Prinzip „frische Zutaten und ein Minimum an Aromen" basieren, aber dafür auf ganz andere Geschmacksrichtungen setzen. Doch experimentieren Sie ruhig selbst! Sollte dann tatsächlich etwas von dem Belag übrig bleiben, können Sie ihn für ein Omelett (Seite 30) oder Gegrillte Käsesandwiches (Seite 51) verwenden.

Grundrezept Bruschetta

ERGIBT: 4 BIS 6 PORTIONEN

Belag

450 Gramm Eiertomaten, grob geschnitten
3 Esslöffel Basilikum, fein geschnitten
1 Knoblauchzehe, fein gehackt
1 Esslöffel Olivenöl
2 Esslöffel Balsamico
¼ Teelöffel schwarzer Pfeffer
¼ Teelöffel Meersalz

Brot

1 kleines Baguette
2 Esslöffel Olivenöl
¼ Teelöffel schwarzer Pfeffer

Für den Belag Tomaten, Basilikum, Knoblauch, Olivenöl, Balsamico, Pfeffer und Meersalz in einer großen Schüssel vermengen. Bedecken und 30 Minuten ziehen lassen.

Für das Brot den Backofengrill vorheizen. Das Baguette diagonal in 1,5 Zentimeter dicke Scheiben schneiden. Auf ein Backblech legen, jede Seite mit Olivenöl bestreichen und mit schwarzem Pfeffer bestreuen. Das Blech direkt unter dem Grill einschieben und das Brot 30 bis 60 Sekunden rösten.

Die Brotscheiben aus dem Grill nehmen, reichlich von der Tomatenmischung daraufgeben und servieren.

Sie können die Tomatenmischung auch schon am Vortag zubereiten und bis zur Verwendung im Kühlschrank aufbewahren.

FRÜHLING

Mit gebackenen Radieschen und Kräutern

ERGIBT: 2 BIS 3 PORTIONEN

½ Grundrezept Bruschetta (Seite 100)
frische Kräuter zum Bestreuen (Menge nach Geschmack)

Belag

220 Gramm zweifarbige Radieschen, geputzt
2 Schalotten, in feine Ringe geschnitten
1 Esslöffel Olivenöl
je ¼ Teelöffel Meersalz und schwarzer Pfeffer
1 Teelöffel frische Petersilie, fein gehackt
1 Teelöffel frischer Thymian, fein gehackt
1 Teelöffel frischer Schnittlauch, in feine Röllchen geschnitten
1 Teelöffel Zitronensaft, frisch gepresst

Für den Belag den Backofen auf 190 °C vorheizen.
Die Radieschen der Länge nach halbieren und dann die Hälften in etwa 5 Millimeter dicke Halbmonde schneiden. Mit den Schalotten, ½ Esslöffel Olivenöl, Salz und Pfeffer vermengen und in einer Auflaufform etwa 20 Minuten weich backen. Aus dem Ofen nehmen und mit dem restlichen Olivenöl, Kräutern und Zitronensaft verrühren.
Die Bruschetta zubereiten, wie im Grundrezept beschrieben. Die noch warme Radieschenmischung daraufgeben und mit frischen Kräutern bestreut servieren.

SOMMER

Mit Sommerkürbis und Pesto

ERGIBT: 4 BIS 6 PORTIONEN

1 Grundrezept Bruschetta (Seite 100)
30 bis 60 Gramm Fetakäse, zerkrümelt (zum Bestreuen)

Kürbis

1 mittelgroßer gelber Sommerkürbis, ohne Stiel, Blütenansatz und Kerne, in 1,5 cm dicke Scheiben geschnitten
¼ rote Zwiebel, in Ringe geschnitten
½ Teelöffel Olivenöl
¼ Teelöffel schwarzer Pfeffer

Pesto

2 Knoblauchzehen
1½ Tassen (60 g) Basilikumblätter
⅓ Tasse (35 g) Parmesankäse, zerkrümelt
2 Esslöffel geröstete Pinienkerne
¼ Tasse (60 ml) Olivenöl (bei Bedarf etwas mehr)
3 Esslöffel Zitronensaft, frisch gepresst

Den Backofengrill auf mittlere Temperatur vorheizen.
Kürbis sowie Zwiebelringe mit Öl einpinseln, mit Pfeffer bestreuen und auf jeder Seite 2 Minuten grillen. Aus dem Ofen holen, abkühlen lassen und Würfel schneiden.
Für das Pesto alle Zutaten in der Küchenmaschine zu einer homogenen Masse verarbeiten.
Die Kürbiswürfel in ¼ Tasse Pesto wenden.
Die warme Kürbis-Pesto-Mischung auf die Bruschetta geben. Mit Feta bestreut servieren.

HERBST

Mit Kürbis und knusprigen Salbeipistazien

ERGIBT: 4 BIS 6 PORTIONEN

1 Grundrezept Bruschetta (Seite 100)

Kürbis

3 Tassen (360 g) Kürbiswürfel
½ Tasse (60 g) rote Zwiebeln, in Würfel geschnitten
1 Esslöffel Olivenöl
1 Esslöffel Honig
¼ Teelöffel Meersalz
¼ Teelöffel schwarzer Pfeffer

Pistazien

½ Esslöffel Olivenöl
3 bis 4 frische Salbeiblätter
¼ Tasse (30 g) geröstete, ungesalzene Pistazien

Für den Kürbis den Backofen auf 200 °C vorheizen. In einer Auflaufform die Kürbiswürfel mit Zwiebeln, Olivenöl, Honig, Meersalz sowie schwarzem Pfeffer verrühren und etwa 25 Minuten weich backen.
Für die Pistazien das Olivenöl in einer kleinen Pfanne auf niedriger bis mittlerer Flamme erhitzen. Die Salbeiblätter dazugeben und 1 Minute knusprig backen. Den Salbei aus der Pfanne nehmen und mit den Pistazien in die Küchenmaschine geben. Mit der Pulse-Taste zu einer schrotartigen Mischung verarbeiten und den Pistazienschrot unter die Kürbismischung ziehen.
Die Bruschetta nach dem Grundrezept zubereiten und mit der Kürbis-Pistazien-Mischung belegen.

WINTER

Mit Pastinaken und Steckrüben

ERGIBT: 4 BIS 6 PORTIONEN

1 Grundrezept Bruschetta (Seite 100)

Belag

1 Pastinake
1 Steckrübe
1 Esslöffel Olivenöl
1 Knoblauchzehe, fein gehackt
2 Esslöffel Walnüsse, fein gehackt
2 Teelöffel Balsamico
2 Teelöffel Ahornsirup

Den Backofen auf 200 °C vorheizen.
Für den Belag Pastinake und Steckrübe schälen und in 5 Millimeter große Würfel schneiden. Mit Olivenöl sowie Knoblauch vermengen und in eine Auflaufform schichten. Das Gemüse etwa 35 Minuten backen, bis es weich ist.
Aus dem Ofen holen und Walnüsse, Balsamico sowie Ahornsirup unterheben.
Die Bruschetta nach dem Grundrezept zubereiten und mit dem Wurzelgemüse belegen.

Gemüsespieße

Vor nicht allzu langer Zeit haben mein Mann und ich es uns gegönnt, abends gemütlich durch einen Vergnügungspark zu schlendern. Wir hatten Hunger, aber es gab dort einfach nichts Vernünftiges – außer Gemüsespieße, die wir schließlich bestellt haben. Doch es war schlicht in Wasser bissfest gekochtes Gemüse auf einem kleinen Holzspieß mit Zitronensaft, Salz und Pfeffer. Und ich war natürlich enttäuscht!

Zu Hause begann ich dann, selbst Spieße zusammenzustellen: aus Grillgemüse mit Olivenöl, dazu Knoblauch, Salz und Pfeffer als Würzmittel. Gut gemachte Gemüsespieße sind eine großartige Vorspeise. Wenn Sie zusätzlich proteinhaltige Nahrungsmittel wie Tofu oder Seitan auf den Spieß stecken oder ihn zu einem Teller Reis servieren, haben Sie eine leckere Hauptmahlzeit.

Da wir häufig grillen, habe ich schließlich Spieße aus Edelstahl gekauft, doch die aus Holz sind genauso gut. Wenn Sie Holzspieße verwenden wollen, sollten Sie daran denken, sie gut 1 Stunde vor der Verwendung in Wasser einzuweichen. Dann gehen sie auf dem Grill nicht in Flammen auf. Und wenn Sie Bedenken haben, dass das Gemüse auf dem Grill hängen bleibt, nehmen Sie einfach eine Grillplatte.

Grundrezept Gemüsespieße vom Grill

ERGIBT: 2 BIS 3 PORTIONEN

3 Tassen (480 g) gemischtes Gemüse, in 2,5 cm große Würfel geschnitten
2 Esslöffel Olivenöl
2 Knoblauchzehen, fein gehackt
1 Esslöffel Zitronensaft, frisch gepresst
½ Teelöffel Meersalz
½ Teelöffel schwarzer Pfeffer

Die Holzspieße vor der Verwendung mindestens 1 Stunde in Wasser einweichen.
In einer Schüssel das Gemüse gut mit Olivenöl, Knoblauch, Zitronensaft, Salz und Pfeffer vermengen. Die Schüssel abdecken und das Gemüse durchziehen lassen.
In der Zwischenzeit den Elektrogrill auf mittlere Temperatur vorheizen.
Dann die Gemüsewürfel abwechselnd auf die Spieße stecken, bis jeweils drei Viertel des Spießes mit Gemüse bedeckt sind.
Auf den Grill legen und garen, bis die Außenhaut braun zu werden beginnt. Dabei alle 3 Minuten umdrehen.
Vom Grill nehmen und servieren.

FRÜHLING

Mit Senf und Roter Bete

ERGIBT: 2 BIS 3 PORTIONEN

450 Gramm Rote Beten (wahlweise auch Gelbe Beten oder Ringelbeten)
2 Esslöffel Olivenöl
¼ Teelöffel Meersalz
¼ Teelöffel schwarzer Pfeffer
1 Esslöffel Senfsamen, gemahlen (mit der Steinmühle)
1 Esslöffel Honig
1 Esslöffel Apfelessig

Den Backofen auf 190 °C vorheizen.

Die Beten mit einer Gemüsebürste putzen, mit 1 Esslöffel Olivenöl vermengen und in eine Auflaufform geben. Mit Alufolie abdecken und etwa 40 Minuten backen, bis die Beten weich sind. Aus dem Ofen nehmen und leicht abkühlen lassen. Dann die Beten schälen und in 1,5 Zentimeter große Würfel schneiden.

Das restliche Olivenöl (1 Esslöffel) mit Salz, Pfeffer, Senfsamen, Honig und Essig mit dem Schneebesen zu einer homogenen Sauce verrühren. Die Betewürfel auf die Spieße stecken und in eine Auflaufform legen. Mit der Marinade bestreichen und 2 bis 3 Stunden ziehen lassen.

Die Holzspieße sollten Sie vorher mindestens 1 Stunde in Wasser einweichen.

Den Elektrogrill auf niedrige bis mittlere Temperatur vorheizen.

Die Betewürfel erneut mit Marinade bestreichen und auf den Grill legen. Auf jeder Seite 3 Minuten grillen, bis das Gemüse hellbraun wird. Die Beten ein letztes Mal mit der Marinade bestreichen und heiß servieren.

SOMMER

Mit Zucchini auf karibische Art

ERGIBT: 2 BIS 3 PORTIONEN

1 Grundrezept Gemüsespieße vom Grill (Seite 103)
1 mittelgroße Zucchini
1 kleine rote Zwiebel
2 Teelöffel Karibische Jerk Gewürzmischung

Wenn Sie Holzspieße verwenden, weichen Sie diese mindestens 1 Stunde in Wasser ein.

Den Elektrogrill auf niedrige bis mittlere Temperatur vorheizen.

Die Enden der Zucchini abschneiden. Die Frucht der Länge nach halbieren und jede Hälfte in etwa 1,5 Zentimeter große Halbmonde schneiden.

Die Gemüsespieße nach dem Grundrezept zubereiten. Dabei die karibische Gewürzmischung über das Gemüse geben. (Wenn Sie die Sauce bekommen können, nehmen Sie 1 Esslöffel weniger Olivenöl. Verwenden Sie eine trockene Gewürzmischung, dann geben Sie das Olivenöl dazu, wie im Grundrezept beschrieben.)

HERBST

Mit Pilzen und Zwiebeln

ERGIBT: 3 PORTIONEN

9 weiße Champignons mit großen Köpfen (etwa 220 g)
1 kleine rote Zwiebel
1/4 Tasse (60 ml) Olivenöl
1/4 Teelöffel Meersalz
1/4 Teelöffel schwarzer Pfeffer
1 Teelöffel frische Petersilie, fein gehackt
1 Teelöffel frischer Oregano, fein gehackt
1 Teelöffel frischer Thymian, fein gehackt
frische Petersilienblätter zum Bestreuen (Menge nach Geschmack)

Die Holzspieße vor der Verwendung mindestens 1 Stunde in Wasser einweichen.
Die rote Zwiebel in Stücke schneiden, die etwa so groß sind wie die Champignonköpfe.
Dann auf jeden Spieß 3 Köpfe Champignons und 2 Zwiebelstücke stecken.
In der Zwischenzeit den Elektrogrill auf niedrige bis mittlere Temperatur vorheizen.
Die Spieße mit 2 Esslöffeln Olivenöl bestreichen. Mit Salz und Pfeffer bestreuen und auf jeder Seite 3 Minuten grillen, bis die Außenhaut braun wird.
Das restliche Olivenöl mit den gehackten Kräutern verrühren. Die Spieße vom Grill nehmen, mit dem Kräuteröl bestreichen und mit ein paar Blättchen frischer Petersilie bestreut auf den Tisch bringen.

WINTER

Mit Kohlrabi und Dill

ERGIBT: 2 BIS 3 PORTIONEN

Kohlrabi

2 Kohlrabi
1 Esslöffel Olivenöl
1/2 Teelöffel Meersalz
1/4 Teelöffel schwarzer Pfeffer

Dillöl

2 Teelöffel frischer Dill, fein gehackt
1 Esslöffel Olivenöl
1 Esslöffel Zitronensaft
1/4 Teelöffel Meersalz

Sollten Sie Holzspieße verwenden, dann weichen Sie diese vor der Verwendung mindestens 1 Stunde lang ein.
Schneiden Sie den geschälten Kohlrabi in etwa 1,5 Zentimeter große Würfel. Olivenöl, Salz sowie Pfeffer zu einer Sauce verrühren und die Kohlrabiwürfel darin einige Zeit ziehen lassen.
Den Elektrogrill auf niedrige bis mittlere Temperatur vorheizen.
Die Kohlrabistücke auf die Spieße stecken und auf jeder Seite 2 Minuten grillen, bis sich die ersten dunkleren braunen Stellen zeigen.
Für das Dillöl alle Zutaten in einer Schüssel mit dem Schneebesen zu einer homogenen Sauce verrühren.
Das Dillöl über die gegrillten Kohlrabiwürfel gießen und heiß servieren.

Gebackener Käse mit Chutney

Mein Mann und ich sind große Käseliebhaber. Am Wochenende schauen wir meist bei unserem Lieblings-Käsehändler vorbei und holen uns eine schöne Auswahl Käse, dazu Oliven, Obst und Brot und tragen unsere Schätze heim, um sie als ein leichtes Abendessen zu genießen. Wenn wir Freunde zu einem Filmabend einladen, mache ich immer irgendetwas mit Käse – entweder einen Spinat-Artischocken-Dip oder Quesadillas (Seite 61) etc.

Die Kombination von Käse und Chutney fiel mir ein, als meine Schwiegermutter mir bei einem Besuch Käse mit Salsa servierte. Das leicht scharfe Aroma der Salsa passte hervorragend zu dem cremigen Käse. (In diesem Fall war es Frischkäse.) Und schon war die Idee geboren, denn ich bin ein großer Fan von Chutneys in jeder Geschmacksrichtung.

Ich stelle meine Chutneys zwar in diesem Kapitel vor, aber natürlich lassen sie sich für alle möglichen Gerichte verwenden. Ausgezeichnet schmecken sie z. B. zu gegrillter Polenta (Seite 58) oder zu Crostini (Seite 90). Diese aromatischen Würzsaucen sind in Nullkommanichts fertig und bleiben im Kühlschrank gut eine Woche frisch. Achten Sie jedoch immer darauf, frischen Ingwer zu verwenden, und Ihre Zitronenschale sollte nur von Bio-Zitronen stammen.

Grundrezept Gebackener Käse mit Chutney

ERGIBT: 4 BIS 6 PORTIONEN

110 bis 170 Gramm Käse Ihrer Wahl (z. B. Brie oder Ziegenkäse)
Weißbrot, Fladenbrot oder Kräcker zum Servieren

Chutney

1 Esslöffel Olivenöl
¼ Tasse (35 g) rote Zwiebeln, fein gehackt
1 Teelöffel frische Ingwerwurzel, fein gehackt
2 Esslöffel Apfelessig
2 Tassen (360 g) Tomaten, in feine Würfel geschnitten (wahlweise Obst)
¼ Tasse (850 g) Medjoul-Datteln, entsteint und klein geschnitten
⅓ Tasse (50 g) helle Rosinen
1 Esslöffel Zitronensaft
1 Teelöffel abgeriebene Bio-Zitronenschale
½ Teelöffel gemahlener Zimt
je ¼ Teelöffel Meersalz und Chiliflocken (wahlweise)
¼ Tasse (60 ml) Wasser (bei Bedarf etwas mehr)

Für das Chutney in einem mittelgroßen Topf das Olivenöl erhitzen. Zwiebelwürfel sowie Ingwer einrühren und 3 Minuten anbraten, bis sie einen aromatischen Duft verströmen. Mit Essig ablöschen, die restlichen Zutaten einrühren und die Hitze reduzieren. Anschließend etwa 15 Minuten simmern lassen, bis die Tomaten und Datteln weich sind. Vom Feuer nehmen und durchziehen lassen.

Den Backofen auf 190 °C vorheizen.

Den Käse in eine Auflaufform geben und backen, bis er zerläuft.

Das Chutney auf dem warmen Käse verteilen und mit Brot oder Kräckern servieren.

FRÜHLING

Gebackener Ricotta mit Rhabarberchutney

ERGIBT: 4 BIS 6 PORTIONEN

1 Rezept Chutney (Seite 106)
2 Tassen (220 g) Rhabarber, in Würfel geschnitten
¼ Tasse (25 g) Frühlingszwiebeln, fein gehackt

1 Tasse (240 g) vollfetter Ricotta
60 Gramm Fontinakäse, gerieben
Eiweiß von 1 großen Ei
2 Esslöffel Knoblauchgrün, fein gehackt
¼ Teelöffel Meersalz
¼ Teelöffel schwarzer Pfeffer
Mandelblätter zum Garnieren

Das Chutney nach dem Grundrezept zubereiten, dabei statt Tomaten den Rhabarber verwenden und statt roter Zwiebel die Frühlingszwiebeln.
Den Backofen auf 190 °C vorheizen.
Ricotta, Fontina, Eiweiß, Knoblauchgrün, Salz und Pfeffer in der Küchenmaschine pürieren. Die Mischung in eine Auflaufform geben, die Oberfläche mit dem Löffel glatt streichen und etwa 25 Minuten backen, bis der Ricotta fest wird und leicht zu bräunen beginnt.
Den Käse aus dem Ofen nehmen und das Chutney darübergeben. Mit Mandelblättern bestreuen und sofort servieren.

SOMMER

Gebackener Frischkäse mit Brombeerchutney

ERGIBT: 4 BIS 6 PORTIONEN

1 Rezept Chutney (Seite 106)
2 Tassen (280 g) Brombeeren
1 Esslöffel frische Ingwerwurzel, fein gehackt

220 Gramm Doppelrahmfrischkäse, streichfähig
60 Gramm Fontina- oder Havartikäse, gerieben
2 Esslöffel Milch
¼ Teelöffel Meersalz
¼ Teelöffel schwarzer Pfeffer
1 Esslöffel Honig

Bereiten Sie *das Chutney* zu, wie im Grundrezept angegeben. Nehmen Sie jedoch statt der Tomaten Brombeeren und geben Sie zusätzlich den Ingwer dazu.
Den Backofen auf 190 °C vorheizen.
Frischkäse, geriebenen Käse, Milch, Salz, Pfeffer und Honig in der Küchenmaschine glatt pürieren. Die Mischung in eine Auflaufform geben, die Oberfläche mit dem Löffel glatt streichen und etwa 15 Minuten backen, bis die Oberfläche leicht zu bräunen beginnt.
Mit dem Brombeerchutney bestrichen auf den Tisch bringen.

HERBST

Gebackener Ziegenkäse mit Apfelchutney

ERGIBT: 4 BIS 6 PORTIONEN

1 Rezept Chutney (Seite 106)
2 Tassen (220 g) Äpfel, geschält und in Würfel geschnitten
2 Esslöffel Ahornsirup

110 Gramm Ziegenkäse

Das Chutney nach dem Grundrezept zubereiten, dabei jedoch statt der Tomaten Äpfel verwenden und die Datteln durch den Ahornsirup ersetzen.
Den Backofen auf 180 °C vorheizen.
Den Ziegenkäse in vier Stücke schneiden. In eine Auflaufform geben, mit dem Chutney bedecken und etwa 20 Minuten backen, bis der Ziegenkäse weich ist.

WINTER

Gebackener Brie mit Zitronen-Vinaigrette

ERGIBT: 4 BIS 6 PORTIONEN

etwa 220 Gramm Brie

Zitronen-Vinaigrette

1 Bio-Zitrone
2 Esslöffel Olivenöl
1 Esslöffel Champagneressig (wahlweise weißer Balsamico)
1 Esslöffel Honig
1/4 Teelöffel Meersalz
1/4 Teelöffel schwarzer Pfeffer

Den Backofen auf 190 °C vorheizen.
Eine runde Auflaufform mit Backpapier auslegen. Den Brie hineingeben und etwa 8 Minuten backen, bis er schmilzt.
Für die Vinaigrette die Zitronenschale abreiben. Anschließend die Zitrone in Scheiben schneiden und von weißen Schalenteilen sowie Kernen befreien. Die Scheiben klein schneiden, etwas Saft ausdrücken und beides mit der abgeriebenen Schale in eine Schüssel geben. Die restlichen Zutaten für die Vinaigrette mit dem Schneebesen verrühren und darübergießen.
Die Sauce über den Brie geben und heiß servieren.

Fladenbrot

Dass ich mich mehr und mehr von Kochrezepten löste, hatte auch damit zu tun, dass ich damals in einer Kleinstadt auf dem Land lebte. Dort hat man meist keine große Auswahl, was die Zutaten für vollwertige Gerichte angeht. Und so musste ich die Rezepte oft mit dem zubereiten, was ich gerade im Haus hatte. Ein Beispiel: Ich wollte für ein paar Gäste die Crostini von Seite 90 zubereiten, und der Bäcker hatte kein Baguette mehr. So entstand das Fladenbrot, das ich Ihnen hier vorstellen möchte.

Zu Anfang habe ich das Brot noch knusprig wie Kräcker gebacken, mittlerweile mag ich es jedoch am liebsten schön weich, damit es sich besser biegen und auch füllen lässt. Für den Teig verwende ich gewöhnlich reines Vollkornweizenmehl, aber leichter ausrollen lässt er sich, wenn ich einen Teil des Mehls durch normales Weizenmehl Type 550 ersetze.

Und was den Belag angeht, so können Sie sich jetzt richtig austoben. Zu dem Fladenbrot passt beispielsweise der Belag von Crostini (Seite 90) sowie Bruschetta (Seite 100) oder auch das Traditionelle Hummus (Seite 84). Und natürlich können Sie das Fladenbrot auch unter dem Grill toasten.

Grundrezept Schnelles Fladenbrot

ERGIBT: 4 BIS 6 PORTIONEN

1½ Tassen (180 g) Weizenmehl Type 550
½ Teelöffel Meersalz
2 Teelöffel Weinstein-Backpulver
3 Esslöffel Olivenöl
1 Esslöffel Honig
6 Esslöffel warmes Wasser
Gemüse, Kräuter, Käse, klein gehackt bzw. gerieben, zum Bestreuen
Olivenöl zum Beträufeln

In einer großen Schüssel Mehl, Meersalz und Backpulver verrühren. Olivenöl mit den Fingern einarbeiten, bis der Teig bröselig ist.

In einer zweiten Schüssel Honig und warmes Wasser mit dem Schneebesen verrühren und über den bröseligen Teig gießen. Alles zu einem geschmeidigen Teig verkneten. Abdecken und 30 Minuten ruhen lassen.

Eine Pfanne auf mittlerer Flamme erhitzen. Den Teig in zwei Hälften aufteilen und diese auf einer bemehlten Arbeitsfläche zu einem Rechteck von 15 x 20 Zentimetern ausrollen. In der Pfanne jeweils 3 Minuten backen, wenden und weitere 2 Minuten backen, bis der Fladen braun ist. Mit Gemüse, Kräutern und/oder Käse bestreut und mit Olivenöl beträufelt servieren.

Die fertig gebackenen Fladenbrote halten sich in einem luftdicht verschlossenen Behälter im Kühlschrank 2 Tage.

TIPP *Den Teig können Sie auch einfrieren und bei Bedarf auftauen. Ich mache davon meist gleich die doppelte Menge und friere die Hälfte ein.*

FRÜHLING

Mit Spargel-Tagliatelle

ERGIBT: 4 BIS 6 PORTIONEN

1 Grundrezept Schnelles Fladenbrot (Seite 109)
2 Esslöffel Olivenöl
abgeriebene Zitronenschale (von einer Bio-Zitrone)
1 Knoblauchzehe, fein gehackt
225 Gramm grüner Spargel
120 Gramm Mozzarellakäse

Das Fladenbrot nach dem Grundrezept zubereiten. Den Backofengrill vorheizen.
In einer kleinen Schüssel Olivenöl, Zitronenschale und Knoblauch verrühren. Das fertige Fladenbrot in den Backofen schieben und mit der Olivenölmischung bestreichen.
Die Spargelstangen mit dem Sparschäler in dünne Tagliatelle schneiden und diese auf dem Fladenbrot verteilen. Darüber 60 Gramm Mozzarella pro Fladenbrot geben.
Das Fladenbrot 60 bis 90 Sekunden unter den Grill schieben, bis der Käse geschmolzen ist.

SOMMER

Mit gegrillten Zucchini

ERGIBT: 4 BIS 6 PORTIONEN

1 Grundrezept Schnelles Fladenbrot (Seite 109)
2 mittelgroße Zucchini, in 5 mm dicke Streifen geschnitten
¼ Tasse (60 g) vollfetter griechischer Joghurt
2 Esslöffel Kräuter der Provence
90 Gramm Fetakäse, zerkrümelt

Das Fladenbrot nach dem Grundrezept zubereiten und in der Zwischenzeit den Backofengrill vorheizen.
In einer Schüssel Zucchinistreifen, Joghurt und Kräuter verrühren. Die Zucchinistreifen auf einem Blech mit hohem Rand oder in einer Auflaufform verteilen, unter den Grill schieben und 2 Minuten backen, bis sie zu bräunen beginnen. Herausnehmen und abkühlen lassen.
Anschließend die Streifen in Würfel schneiden und mit dem Feta verrühren. Auf das noch heiße Fladenbrot streichen und servieren.

HERBST

Mit Haselnüssen, Äpfeln und Manchegokäse

ERGIBT: 4 BIS 6 PORTIONEN

1 Grundrezept Schnelles Fladenbrot (Seite 109)
2 Esslöffel Olivenöl
4 Teelöffel frischer Thymian, fein gehackt
1 Apfel, ohne Kerngehäuse,
in 5 mm dicke Scheiben geschnitten
60 Gramm geröstete Haselnüsse
120 Gramm Manchegokäse, gerieben

Das Fladenbrot zubereiten, wie im Grundrezept angegeben. In der Zwischenzeit den Backofengrill vorheizen.
In einem kleinen Topf Olivenöl und Thymian kurz erwärmen. Vom Feuer nehmen und abkühlen lassen.
Das fertige Fladenbrot auf ein Backblech legen und mit den Apfelscheiben bedecken. Darüber die gerösteten Haselnüsse sowie den Manchegokäse geben und 2 Minuten grillen, bis der Käse Blasen zu werfen beginnt.
Aus dem Ofen nehmen, 1 Minute abkühlen lassen, mit einem dünnen Faden Thymianöl verzieren und noch heiß servieren.

WINTER

Mit gebackenem Knoblauch, Rosmarin und Ziegenkäse

ERGIBT: 4 BIS 6 PORTIONEN

1 Grundrezept Schnelles Fladenbrot (Seite 109)
2 Esslöffel Olivenöl
6 bis 8 Zehen gebackener Knoblauch (Seite 86)
2 Teelöffel frischer Rosmarin, fein gehackt
110 Gramm Ziegenkäse, zerkrümelt
etwas Olivenöl zum Beträufeln (Menge nach Wunsch)

Das Fladenbrot nach dem Grundrezept zubereiten und in der Zwischenzeit den Backofengrill vorheizen.
Das fertige Fladenbrot auf ein Backblech legen und mit Olivenöl bestreichen. Mit einem Messer den pürierten gebackenen Knoblauch darauf verstreichen. Anschließend mit Rosmarin und Ziegenkäse bestreuen, unter den Grill schieben und 45 bis 60 Sekunden grillen, bis der Ziegenkäse warm ist. Mit etwas Olivenöl beträufelt auf den Tisch bringen.

5

Abendessen

In den letzten Jahren hat sich mein Abendessen sehr verändert. Früher habe ich es hastig heruntergeschlungen und heute ist es gleichbedeutend mit „Zeit für mich", und ich freue mich jeden Tag darauf. Dabei kann ich nach einem langen Arbeitstag mal so richtig ausspannen. Ich lege leise Musik auf, gieße mir ein Glas Wein ein und tänzle beim Kochen durch die Küche. Und sobald mein Mann nach Hause kommt, setzen wir uns gemeinsam an den Tisch und erzählen uns, was wir den Tag über erlebt haben. Unser Abendessen ist ein wunderbares Ritual: Wir treten heraus aus den Anforderungen des Alltags, aus den Fluten von E-Mails und Anrufen und sind nur noch für uns selbst da.

Wenn ich kann, mache ich natürlich alles selbst, aber besonders unter der Woche ist das manchmal einfach nicht möglich. Dann greife ich auf gute Fertigware zurück, z. B. bei Lasagneblättern, Weizentortillas oder auch bei Pizzateig. Ein herzhaftes Abendessen zuzubereiten muss nicht lange dauern.

Zum Abendessen bereite ich auch gern Rezepte aus den Kapiteln 3 und 4 zu, aber an manchen Tagen braucht man einfach etwas Reichhaltigeres. Dann kommen bei uns Gerichte auf den Tisch, die ich Ihnen in diesem Kapitel vorstellen möchte. Ich bereite sie gern zu, wenn Besuch kommt. Oder wenn ich etwas brauche, was ich wochentags auf mein Sandwich legen kann. Einige dieser Rezepte können Sie auch fertig zubereitet einfrieren. Als meine Freundinnen schwanger waren, habe ich ihnen ganze Wagenladungen Lasagne und Enchiladas vorbeigebracht, damit sie für den großen Hunger einen wohlgefüllten Gefrierschrank hatten.

< Gefüllte Paprikaschoten mit Karotten und Ingwerreis

Pizza

Meine Liebe zum Kochen habe ich eigentlich erst entdeckt, als ich meinen Mann kennenlernte. Eines der ersten Gerichte, das ich zustande brachte, war hausgemachte Pizza. Natürlich habe ich mich seitdem als Köchin weiterentwickelt, aber Pizza gibt es bei uns immer noch zweimal im Monat.

Hausgemachte Pizza hat in meiner Familie Tradition. Ich erinnere mich noch daran, wie ich als kleines Mädchen in der Küche meiner Tante stand und Käse für die Familienpizza rieb, die wir dann alle zusammen genüsslich verspeisten. Auch die Pizza meiner Mutter schmeckte köstlich, denn sie bestreute sie nach dem Backen mit frisch gehackten Kräutern. Pizza habe ich schon immer geliebt!

Wenn Ihnen Ihre hausgemachte Pizza bisher nicht kross genug war, sollten Sie sich einen Pizzastein zulegen. Die Qualität einer Pizza steht und fällt mit der Temperatur im Backofen, die bei einem normalen Herd leider auf 250 °C begrenzt ist. Der Pizzastein macht das wieder wett, weil der Teig darauf einfach besser ausbäckt. Und natürlich sind auch die Tomatensauce und der Käse wichtig. Ich verwende möglichst nur frischen Mozzarella, mein Mann allerdings liebt den Pizzakäse eher gemischt. Probieren Sie es aus! Ich bin ganz sicher, dass auch Sie bald Ihre Lieblingszubereitung finden.

Grundrezept Hausgemachte Pizza

ERGIBT: 1 PIZZA VON 35 ZENTIMETERN DURCHMESSER (UND 1½ TASSEN TOMATENSAUCE)

Teig

½ Tasse (120 ml) warmes Wasser
2 Esslöffel Honig
2½ Teelöffel Trockenhefe
2 Esslöffel Olivenöl
½ Teelöffel Meersalz
¾ Tasse (90 g) Weizenmehl Type 550
¾ Tasse plus 2 Esslöffel (105 g) Vollweizenmehl Type 1700
Maismehl, fein gemahlen, zum Ausrollen

Sauce aus gebackenen Tomaten

450 Gramm Eiertomaten
½ mittelgroße rote Zwiebel
2 Knoblauchzehen, fein gehackt
je 1 Esslöffel Olivenöl und Zitronensaft
½ Teelöffel Meersalz
6 frische Basilikumblätter

Belag

2 bis 3 Tassen (320–480 g) gemischtes Gemüse, in kleine Würfel geschnitten
90 Gramm Mozzarellakäse, klein geschnitten
90 Gramm Cheddarkäse, gerieben
1 Esslöffel Olivenöl
½ Teelöffel Knoblauchpulver

Für den Teig die Knethaken an der Küchenmaschine anbringen. Wasser, Honig und Hefe verrühren. Anschließend 5 bis 10 Minuten gut durchrühren, bis die Hefe aktiv wird. Olivenöl, Meersalz und Mehl Type 550 hinzufügen sowie ½ Tasse (60 Gramm) Vollkornmehl dazugeben. Die Küchenmaschine anschalten und die Mischung zu einem geschmeidigen Teig verkneten. Dabei esslöffelweise weiteres Vollkornmehl dazugeben, bis der Teig sich von den Wänden löst und sich nicht mehr klebrig anfühlt.

Pizza mit gebackenen Adobo-Süßkartoffeln

Den Teig aus der Schüssel nehmen, mit einem warmen, feuchten Tuch bedeckt an einem zugfreien Ort 1 Stunde gehen lassen.
Den Backofen auf 220 °C vorheizen.
Für die Sauce die Eiertomaten und die Zwiebel vierteln und mit Knoblauch, Olivenöl sowie Salz verrühren. In einer Auflaufform verteilen und etwa 40 Minuten garen, bis die Tomaten weich sind und die Haut braun zu werden beginnt. In die Küchenmaschine geben, Basilikum sowie Zitronensaft hinzufügen und mit der Pulse-Taste zu einer dickflüssigen Sauce verarbeiten.
Der Teig sollte mittlerweile aufgegangen sein. Die Teigkugel erneut durchkneten und noch einmal gehen lassen.
In der Zwischenzeit den Backofen auf 250 °C vorheizen und vorher den Pizzastein hineinlegen.

Das Maismehl auf der Arbeitsfläche verteilen. Den Teig zu einem Kreis mit etwa 35 Zentimetern Durchmesser ausrollen (oder je nach Form des Pizzasteins). Die Sauce darauf verteilen, gleichmäßig mit Gemüse und Käse bestreuen. Den Rand des Teiges mit Olivenöl bestreichen und die Pizza mit Knoblauchpulver bestreuen.
Die Pizza auf den heißen Stein gleiten lassen und etwa 12 Minuten backen, bis der Rand braun wird und der Käse Blasen wirft.
Aus dem Ofen nehmen und 5 Minuten abkühlen lassen, bevor Sie die Pizza in Stücke schneiden.

TIPP *Sie können für Ihre Pizza auch reines Vollweizenmehl verwenden, dann wird der Teig vielleicht weniger knusprig, schmeckt dafür aber sehr nussig.*

FRÜHLING

Mit Frühlingszwiebeln und Spinat

ERGIBT: 1 PIZZA (35 ZENTIMETER GROSS)

1 Rezept Hausgemachter Pizzateig (Seite 114)

Belag

1 Bund Frühlingszwiebeln
2 Tassen (80 g) Babyspinat, grob zerpflückt

Sauce

1 Tasse (240 g) Ricotta
1 Teelöffel frischer Oregano, fein gehackt
¼ Teelöffel Meersalz
¼ Teelöffel schwarzer Pfeffer

Den Pizzateig nach dem Grundrezept zubereiten.
Für den Belag jeweils den weißen Teil sowie etwa 2,5 Zentimeter von dem grünen Teil der Frühlingszwiebeln verwenden. In Ringe schneiden, mit dem Spinat vermengen und beiseitestellen.
Für die Sauce alle Zutaten gründlich in einer Schüssel verrühren.
Die Pizza zusammenstellen, wie im Grundrezept angegeben, dabei statt der Tomatensauce den würzigen Ricotta auf die Pizza streichen und die Spinatmischung anstelle der Gemüsewürfel verwenden.

SOMMER

Mit gegrilltem Mais und Rosmarin

ERGIBT: 1 PIZZA (35 ZENTIMETER GROSS)

1 Rezept Hausgemachter Pizzateig (Seite 114)
2 Kolben frischer Mais
2 Esslöffel Olivenöl
2 Esslöffel Rosmarin
1 Knoblauchzehe, fein gehackt
120 Gramm Mozzarella, klein geschnitten
60 Gramm Gorgonzola, zerkrümelt

Den Pizzateig zubereiten, wie im Grundrezept angegeben. Wenn der Teig das erste Mal aufgegangen ist, den Elektrogrill auf niedrige bis mittlere Temperatur vorheizen.
Den Maiskolben schälen (Blätter abstreifen) und darauf achten, dass keine Fäden zurückbleiben. Anschließend den Maiskolben mit ½ Esslöffel Olivenöl einreiben und für etwa 6 Minuten unter den Grill schieben, bis die Körner braun zu werden beginnen. Dabei immer wieder wenden. Den fertig gegrillten Maiskolben aus dem Ofen nehmen, abkühlen lassen und die Körner herauslösen.
Den Pizzateig ausrollen, wie im Grundrezept beschrieben, und mit ½ Esslöffel Olivenöl bepinseln. Dann mit der geölten Seite unter den Grill legen und garen, bis der Teig Blasen zu werfen beginnt und bräunt. Umdrehen, die andere Seite mit dem restlichen Olivenöl bestreichen und mit Rosmarin, Knoblauch, Maiskörnern sowie Käse bestreuen.
Erneut unter den Grill schieben, bis der Käse geschmolzen ist und der Teig schön bräunt. Wenn der Teig zu schnell bräunt, die Pizza auf der unteren Schiene fertig backen.

HERBST

Mit Birne und Blauschimmelkäse

ERGIBT: 1 PIZZA (35 ZENTIMETER GROSS)

1 Rezept Hausgemachter Pizzateig (Seite 114)
2 Esslöffel Olivenöl
2 Knoblauchzehen, fein gehackt
1 große Birne, ohne Kerngehäuse, geschält und in dünne Scheiben geschnitten
¼ Tasse (25 g) geröstete Pekannüsse
120 Gramm Mozzarella, klein geschnitten
60 Gramm Blauschimmelkäse
1 bis 2 Esslöffel Honig

Den Pizzateig nach dem Grundrezept zubereiten.
Die Pizza vor dem Backen mit Olivenöl bestreichen und den Knoblauch darauf verteilen. Mit Birnenscheiben belegen, Pekannüsse darüberstreuen und zum Abschluss mit dem Käse belegen.
Vor dem Servieren den Honig in einem dünnen Faden über die Pizza laufen lassen.

WINTER

Mit gebackenen Adobo-Süßkartoffeln

ERGIBT: 1 PIZZA (35 ZENTIMETER GROSS)

1 Rezept Hausgemachter Pizzateig (Seite 114)
2 Tassen (280 g) Süßkartoffeln (oder etwa 2 mittelgroße Kartoffeln), in 5 mm große Würfel geschnitten
1 Poblano-Paprikaschote, ohne Kerne und weiße Innenhäute, in feine Würfel geschnitten
½ rote Zwiebel, in Würfel geschnitten
1 Chipotle-Chili in Adobosauce, klein geschnitten
1 Esslöffel Olivenöl
1 Esslöffel Honig
1 Esslöffel Limettensaft

Sauce

⅓ Tasse (80 g) Crème fraîche
3 Esslöffel Koriandergrün, fein gehackt
1 Esslöffel Limettensaft
¼ Teelöffel Meersalz

Den Pizzateig nach dem Grundrezept zubereiten. Den Backofen auf 200 °C vorheizen.
In einer großen Schüssel Süßkartoffeln mit Poblanowürfeln, Zwiebel, Adobosauce, Chipotle-Chili, Olivenöl, Honig und Limettensaft verrühren. In eine Auflaufform geben und etwa 25 Minuten weich backen.
Für die Sauce Crème fraîche, Koriandergrün, Limettensaft und Salz verrühren.
Die Pizza vorbereiten, dabei statt der Tomatensauce die Crème-fraîche-Mischung verwenden sowie die Süßkartoffelmasse als Belag, und wie im Grundrezept angegeben backen.

Ravioli

Sich im Mittleren Westen Amerikas vegetarisch zu ernähren ist nicht gerade einfach. Die meisten Restaurants bieten keine vegetarischen Gerichte an. Das Höchste der Gefühle ist ein Eisbergsalat und dazu eine Portion Pommes. Oder Pasta. Und in den „besseren" Restaurants, in denen wir früher gewöhnlich aßen, bedeutete das unweigerlich: Ravioli aus der Tiefkühltruhe.

Und die waren oft gar nicht so schlecht. Obwohl ich im Restaurant schon den einen oder anderen bissigen Kommentar von mir gegeben habe, wenn es außer Nudeln keine andere vegetarische Mahlzeit gibt, esse ich zu Hause wirklich gern Nudeln – dann aber selbst gemachte. Glücklicherweise teilten mein Mann und ich schon damals diese Vorliebe, denn er ist kein Vegetarier. Seitdem wir zusammenwohnen, habe ich mich zu einer äußerst begabten Raviolikŏchin entwickelt, denn die konnte man auch im Voraus zubereiten.

Ravioli gehören irgendwie zu den Gerichten, an die man sich nicht so recht herantraut, doch nur Mut! Mit dem Resultat müssen Sie keinen Schönheitspreis gewinnen. Ich habe einen einfachen Raviolistempel zu Hause, der in der Schublade nicht viel Platz wegnimmt und die Ravioli immer gut versiegelt. Wenn Sie den Nudelteig nicht selbst machen wollen, kaufen Sie am besten Wantan-Blätter: Legen Sie einfach ein Blatt auf die Arbeitsfläche und bestreichen Sie die Ränder mit etwas Wasser. Geben Sie die Füllung in die Mitte, legen Sie ein anderes Wantan-Blatt darauf und kochen Sie das Ganze 4 Minuten. Und aus den übrigen Nudelblättern können Sie Jiaozi (Seite 80) machen.

Grundrezept
Selbst gemachte Vollkorn-Ravioli

ERGIBT: 20 RAVIOLI ODER 4 PORTIONEN

Teig

1½ Tassen (180 g) Vollweizenmehl Type 1700
½ Teelöffel Meersalz
2 große Eier
2 Esslöffel Wasser

Füllung

1 Tasse (240 g) Ricotta
1 Teelöffel frischer Rosmarin, fein gehackt
1 Teelöffel frische Petersilie, fein gehackt
1 Teelöffel frischer Thymian, fein gehackt
60 Gramm Parmesankäse, gerieben

Sauce

¼ Tasse (60 g) Butter
2 Esslöffel Olivenöl
2 Schalotten, in dünne Ringe geschnitten

Für den Teig auf einer sauberen Arbeitsfläche Mehl und Meersalz vermengen. In die Mitte eine Vertiefung bilden und die Eier hineinschlagen. Dann das Wasser hinzufügen. Mit der Gabel Eier und Wasser verschlagen und vom Rand aus das Mehl einarbeiten. Die Zutaten gründlich verkneten, bis der Teig bindet. Weiterkneten, sodass ein glatter Teig entsteht.

Für die Füllung Ricotta mit Kräutern und Parmesan verrühren.

Ravioli mit Ricotta, Schalotten und schwarzem Pfeffer

Den Teig in acht Stücke (zu je 40 Gramm) teilen. Diese mit dem Nudelholz ausrollen und mit dem Teigrad in Streifen von etwa 7 Zentimetern Breite und 33 Zentimetern Länge schneiden. (Sie können auch eine Nudelmaschine verwenden.)

Auf jeden Teigstreifen fünf Häufchen der Füllung (jeweils 15 Gramm) setzen. Einen zweiten Teigstreifen darüberlegen. Mit dem Raviolistempel oder dem Teigrad viereckige Ravioli ausschneiden. In einem großen Topf Wasser zum Kochen bringen. Jeweils 4 bis 5 Ravioli hineingeben und 5 Minuten garen, bis sie an die Oberfläche steigen. Mit einem Schaumlöffel herausheben, in eine Schüssel legen und etwas Olivenöl dazugeben, damit sie nicht zusammenkleben. Mit den anderen Ravioli ebenso verfahren.

Für die Sauce die Butter und das Olivenöl in einer großen Pfanne erhitzen. Die Schalottenringe dazugeben und 6 Minuten glasig braten. Die Ravioli vorsichtig unter die Sauce heben und heiß servieren.

TIPP *Sie können Ravioli auch ungegart einfrieren. Legen Sie sie dafür auf einem Blech aus, sodass sie einander nicht berühren, und schieben Sie dieses in den Gefrierschrank. Sobald die Ravioli gefroren sind, können Sie sie in luftdicht verschlossenen Beuteln aufbewahren.*

FRÜHLING

Mit Ricotta, Schalotten und schwarzem Pfeffer

ERGIBT: 20 RAVIOLI ODER 4 PORTIONEN

1 Grundrezept Vollkorn-Ravioli (Seite 118)
1 Teelöffel schwarzer Pfeffer
1/4 Tasse (25 g) Schalotten, fein gehackt
1 Teelöffel Honig

Die Ravioli zubereiten, wie im Grundrezept beschrieben. Dabei den schwarzen Pfeffer unter das Mehl mischen und die Kräuter durch die gehackten Schalotten sowie den Honig ersetzen.

TIPP *Auch mit fein gehacktem Knoblauchgrün schmeckt diese Variante sehr gut. Sie können sie anstelle der Schalotten verwenden.*

SOMMER

Mit Sommerkürbis und Tomatensauce

ERGIBT: 20 RAVIOLI ODER 4 PORTIONEN

1 Grundrezept Vollkorn-Ravioli (Seite 118)
1 Tasse (120 g) Sommerkürbis, in 5 mm große Würfel geschnitten
1/2 Teelöffel Olivenöl
1/4 Teelöffel Meersalz
1/4 Teelöffel schwarzer Pfeffer
1 Esslöffel Basilikum, fein gehackt
1 Rezept Sauce aus gebackenen Tomaten (Seite 114)

Den Backofen auf 220 °C vorheizen.
Die Kürbiswürfel mit Olivenöl, Salz sowie Pfeffer verrühren, in einer Lage auf dem Backblech verteilen und etwa 13 Minuten backen, bis sie weich sind.
Die Ravioli zubereiten, wie im Grundrezept angegeben, jedoch nur 180 Gramm Ricotta verwenden und Basilikum in die Füllung hineinrühren.
Die Ravioli mit der Tomatensauce auf den Tisch bringen.

HERBST

Mit Kürbispüree und Salbei

ERGIBT: 20 RAVIOLI ODER 4 PORTIONEN

1 Grundrezept Vollkorn-Ravioli (Seite 118)
1¼ Tasse (275 g) Kürbispüree (Seite 142)
30 Gramm Gorgonzola, zerkrümelt
¼ Teelöffel Meersalz
½ Teelöffel schwarzer Pfeffer
4 bis 5 frische Salbeiblätter

In einer kleinen Schüssel Kürbispüree, Gorgonzola, Meersalz und Pfeffer verrühren. Die Ravioli nach dem Grundrezept zubereiten und mit dem Kürbispüree füllen.
Die Sauce ebenfalls wie angegeben zubereiten, den Salbei dazugeben und das Ganze 2 Minuten köcheln lassen.
Zum Servieren die Ravioli auf den Teller legen, die Buttermischung darübergeben und nur leicht unterheben.

WINTER

Mit dreierlei Käse und Lauchcremesauce

ERGIBT: 20 RAVIOLI ODER 4 PORTIONEN

1 Grundrezept Vollkorn-Ravioli (Seite 118)
60 Gramm Fontinakäse, gerieben
60 Gramm Havartikäse, gerieben
½ Tasse (120 g) Ricotta
¼ Teelöffel Meersalz
¼ Teelöffel schwarzer Pfeffer

Sauce

1 Esslöffel Butter
1 Stange Lauch, geputzt und in Scheiben geschnitten
200 Milliliter natriumarme Gemüsebrühe
½ Tasse (120 ml) Schlagsahne
¼ Teelöffel Meersalz
2 Messerspitzen schwarzer Pfeffer

Käse, Ricotta, Salz und Pfeffer verrühren. Die Ravioli nach dem Grundrezept zubereiten und mit der Käsemischung füllen.
Für die Sauce die Butter in einer Pfanne zerlassen. Den Lauch dazugeben und 2 Minuten anbraten. Mit der Gemüsebrühe ablöschen und 4 Minuten köcheln lassen. Sahne, Salz sowie Pfeffer einrühren und auf niedriger Flamme 4 Minuten weiterköcheln lassen, bis die Sauce sämig wird.
Die Ravioli in die Lauchsauce geben und servieren.

Tacos

Eine Taco ist immer so gut wie die Tortilla, aus der sie gemacht ist. Meine ersten Tacos habe ich mit Weizentortillas genossen, doch dann probierte ich, Tortillas aus frischen Maiskörnern selbst zu machen. Lassen Sie sich nicht einreden, das sei viel zu kompliziert. In Wirklichkeit ist ihre Zubereitung ganz einfach und das Backen macht sogar Spaß. Außerdem gibt es heutzutage überall günstige Tortillapressen zu kaufen, nicht nur im Internet. Dasselbe gilt übrigens auch für Masa Harina, das mit Kalkwasser vorgekochte weiße Maismehl, aus dem Tortillas traditionell gebacken werden.

Was die Füllung angeht, so setze ich auf die sehr proteinhaltigen schwarzen Bohnen, aber auch mit Kichererbsen oder Linsen schmecken Tacos einfach köstlich. Wenn Sie es wie ich gern scharf mögen, können Sie beim Kochen eine Prise Chipotle-Chilipulver zu den Bohnen geben. Und auch die Tomaten-Salsa von Seite 87 passt hervorragend dazu.

Grundrezept
Tacos mit schwarzen Bohnen

ERGIBT: 8 TACOS

Maistortillas

1 Tasse (120 g) Masa Harina (nicht gentechnisch verändert!)
¼ Teelöffel Meersalz
¾ bis 1 Tasse (180–240 ml) warmes Wasser

Füllung

1½ Tassen (390 g) gekochte schwarze Bohnen, mit der Flüssigkeit
1 Knoblauchzehe, fein gehackt
2 Esslöffel Limettensaft
1 Teelöffel gemahlener Kreuzkümmel
1 Teelöffel gemahlener Koriander

Tacos

1 bis 2 Esslöffel Olivenöl
1 Tasse (70 g) grüner Salat, grob geschnitten (wahlweise)
½ Tasse (80 g) Tomaten, in Würfel geschnitten (wahlweise)
2 Avocados, entkernt, geschält und in Scheiben geschnitten
½ Tasse (130 g) selbst gemachte oder gekaufte Salsa (Seite 87)

Für die Tortillas in einer Schüssel die Masa Harina mit Salz verrühren, 180 Milliliter Wasser darübergießen und das Ganze zu einem weichen, nicht mehr klebrigen Teig verrühren. Nach Bedarf mehr Wasser dazugeben. Mit einem Tuch bedecken und 20 Minuten ruhen lassen.

Den Teig in 8 Kugeln von der Größe eines Golfballs aufteilen. Mit einer Tortillapresse oder einem Teller flachdrücken (Durchmesser: ca. 15 Zentimeter).

Für die Füllung die Bohnen mit Knoblauch, Limettensaft, Kreuzkümmel und Koriander in einem Topf auf niedriger bis mittlerer Flamme ca. 9 Minuten erhitzen, bis die Mischung anzudicken beginnt und nur noch wenig Flüssigkeit übrig ist.

Für die Tacos jeweils eine Tortilla auf beiden Seiten mit Olivenöl bestreichen. In einer Pfanne bei mittlerer Hitze ohne Öl auf jeder Seite etwa 25 Sekunden backen, bis die Oberfläche braun wird und sich Blasen bilden. Aus der Pfanne nehmen und in ein feuchtes Tuch einschlagen.

Jede Tortilla mit ¼ Tasse (60 Gramm) der Bohnenmischung bestreichen. Darauf Salat, Tomaten sowie Avocado geben und mit ein paar Löffeln Salsa servieren.

FRÜHLING

Mit gebackener Roter Bete und Sprossen

ERGIBT: 8 TACOS

1 Rezept Maistortillas (Seite 122)
½ Tasse (30 g) Sprossen von Rettich, Brokkoli oder Alfalfa

Füllung

2 mittelgroße Rote Beten
1 Esslöffel Olivenöl
½ Teelöffel Salz
½ Teelöffel schwarzer Pfeffer
¼ Teelöffel Cayennepfeffer (oder zum Abschmecken etwas weniger)
1½ Tassen (390 g) gekochte Kichererbsen, abgegossen und unter kaltem Wasser abgespült
2 Esslöffel Limettensaft
2 Esslöffel Koriandergrün, fein gehackt
¼ Teelöffel Meersalz

Den Backofen auf 200 °C vorheizen.
Für die Füllung die Roten Beten waschen, schälen und in 5 Millimeter große Würfel schneiden. Mit Olivenöl und den Gewürzen vermengen und in einer Auflaufform etwa 20 Minuten weich backen.
Die Kichererbsen in eine Schüssel geben und mit der Gabel zerdrücken. Mit Limettensaft, Koriandergrün und Salz abschmecken.
Zum Zusammenstellen der Tacos Kichererbsenpüree auf die Tortilla streichen und die gebackenen Rote-Bete-Würfel sowie Sprossen darauf verteilen.

SOMMER

Mit gegrillter Zucchini und Mais-Relish

ERGIBT: 8 TACOS

1 Grundrezept Tacos mit schwarzen Bohnen (Seite 122)

Gegrillte Zucchini

1 mittelgroße Zucchini, ohne Enden
½ Esslöffel Olivenöl
je ¼ Teelöffel Meersalz und schwarzer Pfeffer

Mais-Relish

1 mittelgroßer Maiskolben
1 Jalapeñoschote
je 1 Esslöffel Honig, Limettensaft und Koriandergrün, fein gehackt

Den Elektrogrill auf mittlere Temperatur vorheizen.
Die Zucchini der Länge nach halbieren und in 5 Millimeter dicke Halbmonde schneiden. Mit Olivenöl, Salz sowie Pfeffer würzen und auf jeder Seite 2 Minuten grillen. Vom Grill nehmen, abkühlen lassen und in dünne Streifen schneiden.
Für das Relish die Maiskolben und die Jalapeñoschote 5 Minuten grillen, gelegentlich wenden. Abkühlen lassen.
Die Maiskörner von dem Kolben lösen, die Jalapeñoschote fein hacken und dabei die Kerne entfernen. In einer kleinen Schüssel Mais und Jalapeñoschote mit Honig, Limettensaft sowie Koriandergrün verrühren und ziehen lassen.
Die Tacos mit der Bohnenmischung, den gegrillten Zucchini und Mais-Relish servieren.

HERBST

Mit Blumenkohl-„Reis“

ERGIBT: 8 TACOS

1 Grundrezept Tacos mit schwarzen Bohnen (Seite 122)
½ Blumenkohl, ohne Strunk
2 Esslöffel Zwiebeln, fein gehackt
1 Esslöffel Limettensaft, frisch gepresst
¼ Tasse (4 g) frisches Koriandergrün
¼ Teelöffel schwarzer Pfeffer
¼ Teelöffel Meersalz

Den Blumenkohl 6 Minuten dünsten, bis er weich, aber noch bissfest ist. In die Küchenmaschine geben. Zwiebeln, Limettensaft, Koriandergrün, Pfeffer sowie Salz hinzufügen und mit der Pulse-Taste zu Reiskorngröße verarbeiten.
Die Tacos nach dem Grundrezept zubereiten und den Blumenkohl über die schwarzen Bohnen geben.
Mit Avocadoscheiben und Salsa servieren.

WINTER

Mit Harissa-Kürbis

ERGIBT: 6 BIS 8 TACOS ODER 3 BIS 4 PORTIONEN

1 Grundrezept Tacos mit schwarzen Bohnen (Seite 122)
3 Tassen (420 g) Butternut-Kürbis, entkernt und in Würfel geschnitten
¼ rote Zwiebel, grob gehackt

Harissa

1 gegrillte rote Paprikaschote (Seite 77)
1 Chipotle-Chili in Adobosauce
2 Esslöffel Adobosauce
3 Esslöffel frisches Koriandergrün
1 Knoblauchzehe
Saft von ½ Limette
2 Esslöffel Olivenöl
jeweils ½ Teelöffel gemahlener Kreuzkümmel und Koriander
¼ Teelöffel Meersalz

Den Backofen auf 200 °C vorheizen.
Für das Harissa alle Zutaten in den Mixer geben und pürieren. Nach Belieben abschmecken.
In einer Auflaufform den Kürbis gut mit Zwiebeln und Harissa vermengen und im Backofen etwa 30 Minuten weich backen.
Die Tacos zubereiten, wie im Grundrezept angegeben, und den Harissa-Kürbis über die schwarzen Bohnen geben.

Gefüllte Paprikaschoten

Mein Mann isst fast alles, was ich koche, aber ein paar Dinge mag er einfach nicht. ... Und so hat es auch eine Weile gedauert, bis ich ihm gefüllte Paprikaschoten schmackhaft machen konnte. Das liegt vor allem daran, dass er sich dabei an langweilige Füllungen mit Reis und Hackfleisch erinnert, die ihm offensichtlich gar nicht gemundet haben. Irgendwann habe ich eine selbst zubereitete Paprikaschote einfach auf einem Teller in der Küche stehen gelassen. Er war hungrig, hat einen Bissen davon gekostet und dann in einem Nebensatz erwähnt, dass ihm „das, was da in der Küche herumstand" geschmeckt hat. Seitdem suche ich nach neuen Ideen für schmackhafte Füllungen.

Ich finde gefüllte Paprikaschoten einfach lecker und praktisch sind sie obendrein, weil beim Kochen oft kleine Mengen Getreide oder Bohnen übrig bleiben. Ich mag die jahreszeitlichen Variationen, die Sie auf den folgenden Seiten finden werden, doch im Grunde schmecken mir Paprikaschoten mit jeder Füllung.

Ich gebe bei den einzelnen Rezepten zwar an, welche Paprikasorte ich jeweils verwendet habe, aber Sie können natürlich auch andere Sorten nehmen, z. B. Poblanoschoten oder auch Spitzpaprika. Wichtig ist dabei nur, dass Sie die Kerne entfernen. Wenn Sie die Schoten bissfest mögen, grillen Sie sie am besten nicht vorher, sondern füllen sie roh. Sie können gefüllte Paprikaschoten auch schon 1 bis 2 Tage vorher zubereiten und im Kühlschrank aufbewahren.

Grundrezept Gefüllte Paprikaschoten

ERGIBT: 2 BIS 4 PORTIONEN

2 grüne oder rote Paprikaschoten
¾ Tasse (120 g) gekochte Getreidekörner
½ Tasse (130 g) gekochte Bohnen nach Wahl, abgegossen und unter kaltem Wasser abgespült
60 Gramm Käse, gerieben
½ Teelöffel Meersalz
¼ Teelöffel schwarzer Pfeffer

Heizen Sie den Grill Ihres Backofens vor oder den Backofen auf 250 °C. Garen Sie die Paprikaschoten darin 2 Minuten, bis sie weich sind und die äußere Haut einreißt. Dabei gelegentlich wenden und anschließend abkühlen lassen.

Die Schoten nun in eine Auflaufform setzen, seitlich aufschneiden und Kerne sowie die weißen Innenhäute entfernen. Die Hitze im Backofen auf 190 °C reduzieren.

In einer Schüssel Getreide, Bohnen, Käse, Salz und Pfeffer verrühren. Die Paprika mit der Mischung füllen, wieder in eine Auflaufform setzen und etwa 20 Minuten backen, bis der Käse geschmolzen und die Füllung heiß ist.

FRÜHLING

Mit Käse, Brokkoli und Gerste

ERGIBT: 2 BIS 4 PORTIONEN

2 grüne oder rote Paprikaschoten
2 Tassen (120 g) Brokkoliröschen
½ Tasse (130 g) gekochte weiße Bohnen oder Kichererbsen, abgegossen und unter kaltem Wasser abgespült
¼ Teelöffel Meersalz
¼ Teelöffel schwarzer Pfeffer
½ Teelöffel Knoblauchpulver
¼ Teelöffel geräuchertes Paprikapulver (Pimentón de la Vera)
180 Gramm Cheddarkäse, gerieben
½ Tasse (80 g) gekochte Gerste

Die Paprikaschoten vorbereiten, wie im Grundrezept angeben. Den Brokkoli in kochendem Wasser 2 Minuten blanchieren. Bohnen, Salz, Pfeffer, Knoblauchpulver und Räucherpaprika in der Küchenmaschine grob vermengen. Brokkoli und 120 Gramm Käse dazugeben und mit der Pulse-Taste einarbeiten. Dann die Gerste unterziehen.
Die Paprikaschoten mit der Mischung füllen und in eine Auflaufform setzen. Mit dem restlichen Käse (60 Gramm) bestreuen und etwa 20 Minuten backen, bis der Käse geschmolzen ist.

TIPP *Den Brokkoli können Sie auch durch Blumenkohl ersetzen.*

SOMMER

Lasagne-Paprika

ERGIBT: 2 BIS 4 PORTIONEN

2 grüne oder rote Paprikaschoten
60 Gramm Orzo (reiskorngroße Nudeln)
½ Teelöffel Olivenöl
½ Tasse (120 g) Ricotta
1 Eiweiß
½ Teelöffel getrockneter Oregano
je ¼ Teelöffel Meersalz und schwarzer Pfeffer
190 Milliliter Sauce aus gebackenen Tomaten (Seite 114)
60 Gramm Mozzarellakäse, klein geschnitten

Die Paprikaschoten nach dem Grundrezept vorbereiten.
Die Nudeln kochen, abgießen und mit 1 Spritzer Olivenöl vermischt beiseitestellen. Ricotta, Eiweiß, Oregano, Salz und Pfeffer verrühren.
Die Paprikaschoten halbieren und in eine Auflaufform setzen. Zuerst etwas Tomatensauce einfüllen, danach Nudeln, dann die Ricottamischung und anschließend wieder Tomatensauce. Mit dem Mozzarellakäse bestreut in den Backofen schieben und etwa 20 Minuten backen, bis der Käse geschmolzen und die Füllung heiß ist.

HERBST

Mit Karotten und Ingwerreis

ERGIBT: 2 BIS 4 PORTIONEN

2 grüne oder rote Paprikaschoten
1 Tasse (200 g) gekochter Vollreis
1 Tasse (80 g) Karotten, geraspelt
2 Teelöffel frische Ingwerwurzel, fein gerieben
2 Esslöffel Sojasauce
2 Esslöffel Koriandergrün, fein gehackt
1 Esslöffel Tahin (Sesammus)

Die Paprikaschoten vorbereiten, wie im Grundrezept angegeben.
Den Reis mit Karotten, Ingwer, Sojasauce, Koriandergrün und Tahin verrühren.
Die Schoten in eine Auflaufform setzen, mit der Mischung füllen und etwa 20 Minuten backen, bis die Füllung heiß ist.

WINTER

Mit Quinoa und Pastinakenpüree

ERGIBT: 2 BIS 4 PORTIONEN

2 grüne oder rote Paprikaschoten
1 mittelgroße Pastinake, in Würfel geschnitten
2 Esslöffel Zitronensaft
2 Teelöffel abgeriebene Zitronenschale (von einer Bio-Zitrone)
1 Esslöffel Dill, fein gehackt
3 Esslöffel vollfetter griechischer Joghurt
½ Tasse (70 g) gekochte Quinoa

Die Paprikaschoten nach dem Grundrezept vorbereiten.
Die Pastinakenwürfel mit etwas Wasser 4 Minuten weich garen, abgießen und mit Zitronensaft sowie -schale, Dill und Joghurt pürieren. Die gekochte Quinoa einrühren.
Die Paprikaschoten in eine Auflaufform setzen, mit der Mischung füllen und ungefähr 20 Minuten backen, bis die Füllung heiß ist.

Lasagne

In jungen Jahren hatte ich mit Lasagne eine Begegnung der besonderen Art. Ich war bei Freunden zum Essen eingeladen und ganz begeistert, als ich erfuhr, dass es selbst gemachte Lasagne mit Knoblauchbrot gab. Doch als ich das erste Stück auf der Gabel hatte, wurde ich starr vor Entsetzen. Da war ja Fleisch drin! Ich hatte immer geglaubt, Lasagne sei grundsätzlich vegetarisch. Meine Familie und ich aßen zwar Fleisch, jedoch niemals in Nudelsaucen.

Und so bin ich auch heute noch ein großer Fan von vegetarischer Lasagne, sie ist einfach immer ein perfektes Gericht. Wenn wir abends Gäste haben, mache ich am liebsten eine Lasagne. Und selbst meine schwangeren Freundinnen habe ich damit versorgt. Ich achte beim Zubereiten immer darauf, nicht zu viel Käse zu nehmen und die einzelnen Schichten nicht allzu dick werden zu lassen. Denn eine gute Lasagne zeichnet sich durch ein optimales Verhältnis von Nudeln, Sauce und Füllung aus.

Und wenn ich genug Zeit habe, mache ich sogar die Nudelblätter selbst. Doch das ist leider nur selten der Fall, daher verwende ich gern Vollkorn-Lasagneblätter aus dem Naturkostladen.

Grundrezept Vegetarische Lasagne

ERGIBT: 9 PORTIONEN

Nudeln

1½ Tassen (180 g) Vollweizenmehl (ersatzweise Dinkelmehl Type 1050 oder Hartweizenmehl Type 405 oder 550 oder beide Hartweizenmehl-Typen zu gleichen Teilen gemischt)
½ Teelöffel Meersalz
2 große Eier
2 Esslöffel Wasser

Füllung

1 Esslöffel Olivenöl
1 mittelgroße Zwiebel, in feine Würfel geschnitten
4 bis 5 Tassen (640–800 g) Gemüse nach Wahl, in feine Würfel geschnitten

Ricottamischung

420 Gramm Ricotta
Eiweiß von 1 großen Ei
1 Esslöffel frischer Oregano, fein gehackt
½ Teelöffel Meersalz
3 Tassen (780 ml) Tomatensauce (Seite 114, doppelte Menge) oder Béchamelsauce (siehe unten)
110 bis 170 Gramm Mozzarellakäse, gerieben (nur wenn Sie Tomatensauce verwenden)

Käsesauce

(wahlweise statt der Tomatensauce)

2 Esslöffel Butter
1 kleine Schalotte, fein gehackt
3 Esslöffel Weizenmehl Type 450 (ersatzweise Weizenmehl Type 550)
2 Tassen (480 ml) Vollmilch
170 Gramm Mozzarellakäse, gerieben

Für die Nudeln Weizenmehl und Salz auf einer sauberen Arbeitsfläche vermengen. In der Mitte eine Vertiefung machen, die Eier hineinschlagen und das Wasser darübergießen. Mit einer Gabel Eier und Wasser verrühren. Dann langsam das Mehl einrühren, bis ein homogener Teig entsteht. Diesen mit den Händen zu einer glatten Kugel verkneten und etwa 25 Minuten ruhen lassen.

Den Backofen auf 200 °C vorheizen.

Für die Füllung Olivenöl, Zwiebel- sowie Gemüsewürfel vermengen, während der Nudelteig ruht, und in einer Auflaufform etwa 30 Minuten weich backen. (Die Garzeit hängt von dem jeweils verwendeten Gemüse ab. Nach 20 Minuten regelmäßig überprüfen.)

Den Pastateig in 9 gleich große Stücke aufteilen und daraus mit dem Nudelholz oder der Nudelmaschine breite Lasagneblätter machen. Der Teig sollte dünn sein, aber nicht brechen.

Für die Ricottamischung den Frischkäse mit Eiweiß, Oregano und Salz verrühren.

Dann Wasser in einem großen Topf zum Kochen bringen und die Lasagneblätter, unmittelbar bevor sie gebraucht werden, 30 Sekunden darin garen.

Zum Zusammenstellen der Lasagne den Boden einer 23 x 23 Zentimeter großen Auflaufform zuerst mit einem Viertel der Tomatensauce bedecken und 3 Lasagneblätter darüberlegen. Die Hälfte der Ricottamischung darauf verstreichen. Die Hälfte der Gemüsewürfel darübergeben und mit etwa einem Drittel des Mozzarellas bestreuen.

Für eine weitere Schicht etwa 200 Milliliter Tomatensauce, 3 Nudelblätter, die zweite Hälfte der Ricottamischung, die zweite Hälfte der Gemüsemischung und ein weiteres Drittel des Käses darauf verteilen. Darüber geben Sie dann ein weiteres Viertel der Tomatensauce. Bedecken Sie diese mit den restlichen 3 Lasagneblättern. Bestreichen Sie die Blätter mit der restlichen Tomatensauce und streuen Sie das letzte Drittel Mozzarella darüber. Anschließend ungefähr 30 Minuten backen, bis der Käse goldbraun ist und die Tomatensauce Blasen bildet.

Wenn Sie Ihre Lasagne lieber mit Käsesauce zubereiten: Butter auf niedriger Hitze in einem flachen Topf schmelzen lassen. Die fein gehackten Schalotten dazugeben und glasig braten. Mit dem Mehl bestäuben und 1 Minute köcheln lassen. Mit der Milch ablöschen und die Hitze erhöhen, bis die Sauce nach etwa 5 Minuten anzudicken beginnt. Vom Feuer nehmen und 100 Gramm Mozzarella einrühren.

Die Käsesauce statt der Tomatensauce verwenden.

Dabei 70 Gramm Käse beiseitestellen, um die Lasagne zum Schluss damit zu bestreuen.

FRÜHLING

Mit Fenchel und Spinat

ERGIBT: 9 PORTIONEN

1 Grundrezept Vegetarische Lasagne (Seite 128)
1 Esslöffel Olivenöl
1 Fenchelknolle, in dünne Scheiben geschnitten
3 Tassen (120 g) frischer Spinat
Meersalz und Pfeffer (Menge nach Geschmack)

Das Olivenöl auf mittlerer Flamme erhitzen. Den Fenchel dazugeben und etwa 7 Minuten weich garen. Vom Feuer nehmen, den Spinat einrühren und mit Salz sowie Pfeffer würzen.

Die Vegetarische Lasagne mit Käsesauce nach dem Grundrezept zubereiten und statt der Gemüsewürfel die Fenchel-Spinat-Mischung verwenden.

SOMMER

Mit gegrillter Zucchini

ERGIBT: 9 PORTIONEN

1 Grundrezept Vegetarische Lasagne (Seite 128)
2 mittelgroße (340 g) Zucchini

Den Grill auf mittlere Hitze anheizen.

Die Enden von den Zucchini abschneiden und der Länge nach halbieren. Dann jede Hälfte in 5 Millimeter dicke Streifen schneiden. Auf jeder Seite 2 Minuten grillen, bis die Zucchini erste dunklere braune Stellen bekommen. Leicht abkühlen lassen und in kleine Stücke schneiden.

Die Lasagne mit Tomatensauce und Zucchinistücken zubereiten, wie im Grundrezept beschrieben.

TIPP *Noch gesünder wird es, wenn Sie die Zucchini in breite Streifen schneiden und sie statt der Lasagnenudeln verwenden. Dafür brauchen Sie etwa die dreifache Menge Zucchini.*

< Vegetarische Lasagne mit gegrillter Zucchini

HERBST

Mit gebackenen Äpfeln und Kürbis

ERGIBT: 9 PORTIONEN

1 Grundrezept Vegetarische Lasagne (Seite 128)
3 Tassen (420 g) Butternut-Kürbis, in 5 mm große Würfel geschnitten
1 mittelgroßer Apfel, ohne Kerngehäuse, geschält und in Würfel geschnitten
1 Esslöffel Olivenöl
Meersalz und Pfeffer (Menge nach Geschmack)

Den Backofen auf 220 °C vorheizen.
Die Kürbis- und Apfelwürfel mit den Olivenöl vermengen, in eine Auflaufform geben und 25 Minuten backen. Mit Salz und Pfeffer abschmecken.
Die Hitze auf 200 °C reduzieren und die Vegetarische Lasagne mit Käsesauce nach dem Grundrezept zubereiten.

WINTER

Mit Süßkartoffelpüree

ERGIBT: 9 PORTIONEN

1 Grundrezept Vegetarische Lasagne (Seite 128)

Süßkartoffelpüree

1 große Süßkartoffel
1 Tasse (240 ml) Milch
Meersalz und Pfeffer (Menge nach Geschmack)

Für das Süßkartoffelpüree die Süßkartoffel schälen und in kleine Würfel schneiden. In einem großen Topf Wasser zum Kochen bringen. Die Süßkartoffelwürfel darin etwa 13 Minuten lang weich kochen. Abgießen und mit der Milch pürieren. Anschließend mit Salz und Pfeffer abschmecken.
Die Lasagne nach dem Grundrezept mit Käsesauce zubereiten und dabei die Gemüsewürfel weglassen.
Für die Käsesauce statt der Milch das Süßkartoffelpüree einrühren.

Burger

Ich versuche meist, ohne überzogene Ansprüche an das Thema Essen heranzugehen. Ich mag gern gut gewürzte Gerichte aus möglichst frischen Zutaten. Und eigentlich probiere ich alles, doch bei vegetarischen Burger bin ich etwas eigen. Nach dem Grillen muss die Außenseite leicht kross sein, innen sollten die Burger dennoch schön saftig sein. Und da ich in meinem Leben schon so viele Veggie-Burger gegessen habe, die einfach nach gar nichts geschmeckt haben, mache ich Burger am liebsten selbst. (Mein Beitrag zu einem Grillabend besteht meist aus Burgern, die ich ungegrillt mitnehme.)

Natürlich habe ich auch für vegetarische Burger unterschiedliche Variationen kreiert. Was ich dann tatsächlich daraus mache, hängt sehr davon ab, welche Zutaten ich gerade zur Hand habe (und auch von meiner Stimmung). Meistens gibt es bei uns Getreide-Nuss-Burger oder Bohnen-Burger. Das Wichtigste ist dabei das Grundrezept. Es erfüllt meine Mindestanforderungen und hat zudem den Vorteil, dass die Burger nicht zerfallen, wenn man hineinbeißt. Außerdem müssen sie nicht erst in irgendwelchen Panaden gewälzt werden, um nach etwas zu schmecken. Dafür nehme ich Gewürze wie Räucherpaprika und Oregano. Doch machen Sie am besten Ihre eigenen Burger-Experimente, dann finden auch Sie sicherlich schnell Ihre Lieblingsmischung.

Vor dem Braten sind die Burger relativ feucht, daher sollten Sie zum Formen die Hände anfeuchten. Wenn Sie die Burger vor dem Grillen kurz ausbacken, halten sie besser zusammen. Das ist vor allem dann von Vorteil, wenn Sie draußen grillen. Und wenn ich Lust auf einen Burger habe, aber dafür nicht extra den Grill anwerfen will, backe ich ihn einfach in der Grillpfanne aus.

Grundrezept Veggie-Burger

ERGIBT: 4 BURGER

¼ Zwiebel
½ Tasse (130 g) gekochte Kichererbsen, abgegossen und unter kaltem Wasser abgespült
½ Tasse (30 g) Vollkorn-Semmelbrösel
¼ Tasse (30 g) Weizenmehl Type 550
1 großes Ei
2 Esslöffel Sonnenblumenkerne
1 Esslöffel Olivenöl
1 Esslöffel Sojasauce
1 Teelöffel Oregano
1 Teelöffel geräuchertes Paprikapulver (Pimentón de la Vera)
¼ Teelöffel Meersalz
1 Tasse (40 g) Spinat

Die Zwiebeln in der Küchenmaschine zerkleinern. Die restlichen Zutaten bis auf den Spinat dazugeben und mit der Pulse-Taste zu einem homogenen Teig verarbeiten. Erst danach den Spinat mit der Pulse-Taste einarbeiten.

Die Mischung mit angefeuchteten Händen in vier gleich große Portionen aufteilen und diese zu Burgern formen.

Burger in der heißen Grillpfanne auf jeder Seite 4 Minuten bräunen oder im Backofen etwa 10 Minuten bei 180 °C backen, dann auf den Grill geben und auf jeder Seite 2 Minuten grillen.

Wenn Sie die Burger einfrieren wollen, sollten Sie sie zunächst vorbacken, dann abkühlen lassen und in einem luftdicht verschlossenen Behälter aufbewahren.

FRÜHLING

Mit dicken Bohnen und Rettich-Coleslaw

ERGIBT: 4 BURGER

1 Grundrezept Veggie-Burger (Seite 133)
½ Tasse (70 g) Dicke Bohnen, ohne Hülsen und weiße Haut (Zubereitung Seite 74)

Rettich-Coleslaw

1 Tasse (120 g) Radieschen, in hauchdünne Scheiben geschnitten
2 Esslöffel Schalotten, in Würfel geschnitten
2 Esslöffel Apfelessig
1 Esslöffel Olivenöl
1 Teelöffel Honig
¼ Teelöffel Meersalz
¼ Teelöffel schwarzer Pfeffer

Die Veggie-Burger nach dem Grundrezept zubereiten, dabei die Kichererbsen durch die Bohnen ersetzen und den Räucherpaprika (Pimentón de la Vera) weglassen.
Für das Coleslaw alle Zutaten in einer Schüssel gut durchmengen und mindestens 30 Minuten ziehen lassen.
Die Burger mit den marinierten Radieschen belegen und servieren.

SOMMER

Auf mexikanische Art mit schwarzen Bohnen und Salsa

ERGIBT: 4 BURGER

1 Grundrezept Veggie-Burger (Seite 133)
¾ Tasse (75 g) grobe Haferflocken (Großblattflocken)
½ Tasse (130 g) gekochte schwarze Bohnen, abgegossen und unter kaltem Wasser abgespült
1 Esslöffel Adobosauce (Seite 62)
1 Tasse (70 g) Grünkohl, ohne Stiele, in feine Streifen geschnitten
1 Rezept Radieschen-Salsa (Seite 89)

Die Haferflocken in der Küchenmaschine grob mahlen.
Die Veggie-Burger nach dem Grundrezept zubereiten. Dabei die Kichererbsen durch schwarze Bohnen ersetzen und statt Oregano sowie Räucherpaprika die Adobo-Würzsauce verwenden. Der Spinat wird durch Grünkohl ersetzt. Lassen Sie zudem Mehl und Semmelbrösel weg.
Jeweils 1 bis 2 Esslöffel Radieschen-Salsa über die Burger geben und servieren.

HERBST

Mit Sesam, Curry und Avocado

ERGIBT: 4 BURGER

1 Grundrezept Veggie-Burger (Seite 133)
1 Esslöffel Currypulver
2 Esslöffel Sesamsamen
½ Tasse (70 g) gekochte Quinoa
1 reife Avocado, entkernt,
geschält und in Scheiben geschnitten

Die Veggie-Burger nach dem Grundrezept zubereiten, dabei die Gewürze durch das Currypulver ersetzen. Statt der Sonnenblumenkerne verwenden Sie Sesamsamen und statt Spinat die gegarte Quinoa.
Die Burger jeweils mit ein paar Avocadostreifen belegen und auf den Tisch bringen.

WINTER

Mit Süßkartoffeln und Linsen

ERGIBT: 4 BURGER

1 Grundrezept Veggie-Burger (Seite 133)
½ Tasse (60 g) Süßkartoffel, in Würfel geschnitten
1 Teelöffel Olivenöl
½ Tasse (80 g) schwarze Linsen

Den Backofen auf 200 °C vorheizen.
Die Süßkartoffeln mit dem Olivenöl vermengen, auf einem Backblech verteilen und etwa 30 Minuten backen, bis sie weich sind.
In einem Topf Wasser zum Kochen bringen, die schwarzen Linsen hineingeben und weich kochen (aber nicht zerkochen), was etwa 20 Minuten dauert.
Die Veggie-Burger zubereiten, wie im Grundrezept angegeben, dabei die Kichererbsen durch Linsen ersetzen. Statt des Spinats nehmen Sie die gebackenen Süßkartoffeln.

Makkaroni mit Käse

Meine persönliche Küchenphilosophie lautet: alles in Maßen. Ich sage nicht Nein zu einem Stück Kuchen, aber ich esse ihn nicht jeden Tag. Und das gilt auch für Gerichte wie Makkaroni mit Käse. Ich kann mich noch gut daran erinnern, wie ich mich als Kind in die Küche schlich, wenn meine Mutter diese kalorienreiche Köstlichkeit zubereitete, und jedes Mal ein paar der Käsewürfel erbeutete, bevor meine Mutter sie in die Pasta geben konnte. Daher sind Makkaroni mit Käse noch heute für mich wie Seelennahrung. Ich mache sie mir, wenn ich mich nicht gut fühle, aber auch an anderen Tagen.

In diesem Kapitel finden Sie mein Lieblingsrezept für diesen Klassiker. Die Béchamelsauce ist etwas aufwendiger, aber sie ist die Mühe wert, denn nur damit werden die Makkaroni richtig cremig. Besorgen Sie dafür alten, gut gereiften Cheddarkäse und reiben Sie ihn selbst, denn abgepackter geriebener Käse hat einfach nicht so viel Aroma zu bieten.

Und was die Makkaroni angeht, so mache ich auch die oft selbst, aber wenn es schnell gehen muss, nehme ich einfach ein Packung Vollkornnudeln dafür. Sie können natürlich auch Conchiglie oder andere Nudelsorten verwenden. Und ich mache meine Makkaroni grundsätzlich mit Vollmilch. Cremig werden sie aber auch mit fettarmer Milch.

Grundrezept Makkaroni mit Käse

ERGIBT: 3 BIS 4 PORTIONEN

170 Gramm Vollkorn-Weizennudeln
½ Teelöffel Olivenöl
2 Esslöffel Butter
½ mittelgroße gelbe Zwiebel, in Würfel geschnitten
½ Teelöffel Meersalz
¼ Teelöffel schwarzer Pfeffer
2 Esslöffel Weizenmehl Type 550
1½ Tassen (360 ml) Vollmilch
170 Gramm reifer Cheddarkäse, gerieben (ersatzweise reifer Gouda)

Den Backofen auf 190 °C vorheizen.
Wasser in einem Topf zum Kochen bringen und die Nudeln darin 7 Minuten bissfest garen. Abgießen und mit etwas Öl vermengt beiseitestellen.
Die Butter in einem flachen Topf zerlassen. Die Zwiebeln mit Salz und Pfeffer vermischen und etwa 7 Minuten glasig braten. Das Mehl darüberstäuben und eine weitere Minute braten. Mit der Milch ablöschen und ungefähr 5 Minuten köcheln lassen, bis die Sauce andickt. Vom Herd nehmen und die Hälfte des Käses einrühren.
In einer 23 x 23 Zentimeter großen Auflaufform die Pasta mit der Käsesauce verrühren und den restlichen Käse darüberstreuen. Die Makkaroni etwa 35 Minuten backen, bis der Käse goldbraun ist und Blasen wirft.

TIPP *Makkaroni mit Käse können Sie auch schon 1 bis 2 Tage vorher zubereiten. Bewahren Sie sie bis zum Backen im Kühlschrank auf.*

Käsemakkaroni mit Spinat und Gouda >

FRÜHLING

Mit Spinat und Gouda

ERGIBT: 3 BIS 4 PORTIONEN

1 Grundrezept Makkaroni mit Käse (Seite 136)
2 Esslöffel Knoblauchgrün, fein gehackt
110 Gramm Räuchergouda, gerieben
(ersatzweise anderer Räucherkäse)
60 Gramm Mozzarella, klein geschnitten
2 Tassen (80 g) frischer Spinat, grob zerpflückt

Die Makkaroni nach dem Grundrezept zubereiten, dabei die Zwiebeln durch Knoblauchgrün ersetzen und anstelle von Cheddar den Gouda sowie Mozzarella verwenden.
Den zerpflückten Spinat vor dem Backen mit der Käsesauce unter die Pasta heben.

SOMMER

Mit Mais und Paprika

ERGIBT: 3 BIS 4 PORTIONEN

1 Grundrezept Makkaroni mit Käse (Seite 136)
2 Tassen (300 g) Maiskörner (von 2 frischen Maiskolben)
½ rote Paprikaschote, ohne Kerne und weiße Innenhäute, in kleine Stücke geschnitten
½ Teelöffel Olivenöl
¼ Teelöffel Meersalz
½ Teelöffel geräuchertes Paprikapulver (Pimentón de la Vera)

Den Backofen auf 190 °C vorheizen.
In einer Schüssel die Maiskörner mit Paprika, Olivenöl, Salz und Räucherpaprika vermischen. In eine Auflaufform geben und etwa 20 Minuten backen, bis die Maiskörner weich sind.
Die Makkaroni nach dem Grundrezept zubereiten und die Maiskörner mit der Käsesauce unter die Nudeln rühren.

HERBST

Mit Süßkartoffeln und Rosmarin

ERGIBT: 3 BIS 4 PORTIONEN

1 Grundrezept Makkaroni mit Käse (Seite 136)
1 mittelgroße Süßkartoffel, geschält und in Würfel geschnitten
2 Teelöffel Rosmarin, fein gehackt
90 Gramm Havartikäse, gerieben

Einen Topf mit Wasser zum Kochen bringen. Die Hitze reduzieren und die Süßkartoffelwürfel darin etwa 9 Minuten lang weich garen. Abgießen, mit ¼ Tasse Milch (60 Milliliter) aus dem Grundrezept zu Kartoffelbrei verarbeiten und den Rosmarin unterrühren.
Die Makkaroni nach dem Grundrezept zubereiten und dabei den Süßkartoffelbrei mit der restlichen Milch (300 Milliliter) verrühren. Die Hälfte vom Cheddarkäse mit Havarti ersetzen.

WINTER

Mit Pilzen und Zwiebeln

ERGIBT: 3 BIS 4 PORTIONEN

1 Grundrezept Makkaroni mit Käse (Seite 136)
1 Esslöffel Olivenöl
½ Tasse (70 g) rote Zwiebeln, in Würfel geschnitten
110 Gramm Champignons, in dünne Scheiben geschnitten
90 Gramm Gouda, gerieben
90 Gramm Havartikäse, gerieben

Das Olivenöl in einer Pfanne erhitzen und die Zwiebeln darin 6 Minuten glasig dünsten. Die Pilze dazugeben und weitere 4 Minuten garen, bis sie weich sind.
Die Makkaroni zubereiten, wie im Grundrezept angegeben. Dabei die Zwiebeln weglassen.
Die Zwiebel-Pilz-Mischung mit dem geriebenen Käse zu der Pasta geben, bevor Sie diese in den Ofen schieben.

Risotto

Ich koche gern Gerichte nach, die ich in einem Restaurant gegessen habe. Dafür bestelle ich mir das Gericht immer wieder, um herauszufinden, was mir daran so gut gefällt. Dann mache ich mir Notizen und begebe mich auf die Suche nach meiner eigenen Version. Manchmal wird meine Version allerdings ganz anders als das Original, schmeckt aber trotzdem vorzüglich.

Dieses Risotto gehört zur letzten Gruppe. Ich habe schon viele Risotto-Varianten ausprobiert, wollte aber unbedingt etwas nachkochen, was ich im Restaurant gegessen hatte. Also durchsuchte ich meinen Vorratsschrank vergeblich nach Arborioreis ... stattdessen fand ich noch ein paar Perlgraupen. Sie sind mittlerweile eigentlich etwas aus der Mode gekommen, haben aber einen angenehm nussigen Geschmack. Gekocht bleiben sie bissfest. Daher sind sie für mich der ideale Ersatz für Arborioreis. Eine gute Stunde später hatte ich mich in meine „Risotto"-Variante verliebt ...

Wie das traditionelle Risotto verliert auch das Perlgraupen-Risotto beim Aufwärmen an Aroma, doch wenn Sie etwas Flüssigkeit dazugeben, schmeckt es immer noch hervorragend.

Grundrezept Perlgraupen-Risotto

ERGIBT: 2 PORTIONEN

2 Tassen (480 ml) natriumarme Gemüsebrühe
2 Tassen (480 ml) Wasser
1 Esslöffel Olivenöl
1 Esslöffel Butter
1 Schalotte, fein gehackt
¾ Tasse (140 g) ungekochte Perlgraupen
¼ Tasse (60 ml) Weißwein
2 Esslöffel frischer Rosmarin, fein gehackt
2 Messerspitzen Meersalz
60 Gramm Ziegenkäse (ersatzweise Gorgonzola, Frischkäse oder eine andere cremige Käsesorte)

In einem hohen Topf Gemüsebrühe und Wasser aufkochen lassen, dann die Hitze reduzieren, sodass die Flüssigkeit nur noch leicht vor sich hin köchelt.

In einer großen, hohen Pfanne Olivenöl und Butter auf mittlerer Flamme erhitzen. Die Schalotten dazugeben und glasig dünsten. Die Perlgraupen einrühren, 1 Minute anbraten und mit dem Weißwein ablöschen.

Das Risotto auf niedriger bis mittlerer Flamme köcheln lassen, bis die Flüssigkeit fast verdampft ist. Anschließend mit ½ Tasse (120 Milliliter) der Gemüsebrühe oder dem Wasser übergießen. Rühren, bis die Flüssigkeit verdampft ist. Erneut ½ Tasse (120 Milliliter) Flüssigkeit dazugeben und wieder warten, bis die Graupen sie aufgesogen haben.

Etwa 45 Minuten lang wiederholen, dabei gelegentlich überprüfen, wie weich die Graupen sind. Sobald sie eine weiche, cremige Konsistenz haben, das Risotto mit Rosmarin und Salz abschmecken.

Noch einmal etwa 2 Minuten kochen lassen, dann vom Herd nehmen, den Ziegenkäse einrühren und sofort servieren.

Perlgraupen-Risotto mit Lauch und Birnen >

FRÜHLING

Mit Mangold

ERGIBT: 2 PORTIONEN

1 Grundrezept Perlgraupen-Risotto (Seite 140)
2 Esslöffel Knoblauchgrün, fein gehackt
2 Tassen (80 g) Mangold, ohne Stiele, grob geschnitten

Das Perlgraupen-Risotto nach dem Grundrezept zubereiten, doch statt der Schalotte das Knoblauchgrün in die Pfanne geben.
Den Mangold mit dem Rosmarin unterziehen und weitergaren, bis der Mangold zusammengefallen und die Flüssigkeit verdampft ist. Dann sollte das Risotto eine cremige Konsistenz haben.

SOMMER

Mit Zucchiniraspeln und Pesto

ERGIBT: 2 PORTIONEN

1 Grundrezept Perlgraupen-Risotto (Seite 140)
1 Tasse (120 g) Zucchiniraspel

Pesto

2 Knoblauchzehen
1½ Tassen (60 g) Basilikumblätter
⅓ Tasse (35 g) Parmesankäse
2 Esslöffel geröstete Pinienkerne
¼ Tasse (60 ml) Olivenöl (bei Bedarf etwas mehr)
3 Esslöffel Zitronensaft, frisch gepresst

Für das Pesto alle Zutaten in den Mixer oder in die Küchenmaschine geben und glatt pürieren. Etwas mehr Olivenöl oder Wasser dazugeben, wenn Sie eine dünnere Konsistenz bevorzugen.
Das Perlgraupen-Risotto zubereiten, wie im Grundrezept beschrieben, dabei aber Rosmarin und Ziegenkäse weglassen. Stattdessen kurz vor Ende der Garzeit ¼ Tasse (60 Gramm) Pesto sowie die Zucchiniraspel unterziehen.

HERBST

Mit Kürbispüree und Gorgonzola

ERGIBT: 2 PORTIONEN

1 Grundrezept Perlgraupen-Risotto (Seite 140)
60 Gramm Gorgonzola
¼ Tasse (25 g) Pekannüsse, zerdrückt
etwas Honig zum Beträufeln (Menge nach Geschmack)

Kürbispüree

2 Tassen (280 g) Butternut-Kürbis, in Würfel geschnitten
1 Esslöffel Butter
1 Teelöffel Thymian
½ Teelöffel Meersalz
¼ Teelöffel schwarzer Pfeffer

Für das Kürbispüree einen Topf mit Wasser zum Kochen bringen. Die Kürbiswürfel hineingeben und etwa 10 Minuten weich garen. Abgießen und mit Butter, Thymian, Meersalz sowie Pfeffer zu einem feinen Püree verrühren.
Das Kürbispüree mit Gorgonzola und Pekannüssen unter das Perlgraupen-Risotto ziehen.
Mit einem dünnen Faden Honig verzieren und servieren.

WINTER

Mit Lauch und Birnen

ERGIBT: 2 PORTIONEN

1 Grundrezept Perlgraupen-Risotto (Seite 140)
2 Stangen Lauch, nur der weiße Teil, in Ringe geschnitten
1 große Birne, ohne Kerngehäuse,
geschält und in Würfel geschnitten
1 Esslöffel frischer Dill, fein gehackt
3 Esslöffel Mascarpone
etwas frischer Dill zum Garnieren (Menge nach Geschmack)

Das Risotto zubereiten, dabei jedoch die Schalotten durch den Lauch ersetzen. Am Ende der Garzeit Birnenwürfel, Dill und Mascarpone einrühren, mit Dill bestreut servieren.

Galette

Was Kohlenhydrate angeht, haben mein Mann und ich ganz unterschiedliche Gewohnheiten. Er könnte jederzeit ohne Brot und Nudeln auskommen, während ich dann vermutlich schrecklichen Heißhunger auf Brot mit Erdnusscreme bekommen würde. Außerdem liebe ich leichtes, luftiges Gebäck wie Croissants oder Apfeltaschen und besonders diese knusprigen Mürbeteigleckereien.
Da ist eine Galette genau das Richtige! In Frankreich werden zwei Gebäckformen als *Galette* bezeichnet: die hauchdünnen bretonischen Buchweizenpfannkuchen mit pikanter Füllung und flache Kuchen aus Blätterteig. Mir haben es besonders diese flachen Kuchen angetan, für deren Zubereitung ich sehr helles Mehl verwende, weil der Teig ansonsten nicht richtig aufgeht.
Ich mag sie am liebsten mit einer Füllung aus Ricotta und Gemüse, doch Sie können den Ricotta natürlich auch weglassen. Ich beschränke mich auf wenige Aromen und verwende daher selten mehr als 1 Esslöffel frisch gehackte Kräuter. Diese Form von Galette, die man in Italien als *Torta rustica* auf den Tisch bringt, ist mit einem knackig frischen Salat als Beilage ein wunderbar leichtes Abendessen.

Grundrezept Ricotta-Galette

ERGIBT: 4 BIS 6 PORTIONEN

Teig

1 Tasse (120 g) Weizenmehl Type 550 oder Vollkornmehl Type 1700
¼ Teelöffel Meersalz
¼ Tasse (60 g) kalte Butter
30 Gramm Doppelrahmfrischkäse (oder anderen cremigen Käse)
1 Esslöffel Ahornsirup
2 Esslöffel kaltes Wasser

Füllung

½ Tasse (120 g) Ricotta
2 Teelöffel Honig
¼ Teelöffel schwarzer Pfeffer
¼ Teelöffel Meersalz
1½ Tassen (240 g) Gemüse nach Wahl, in dünne Scheiben geschnitten

2 Esslöffel Schlagsahne
1 großes Ei

Für den Teig Mehl und Salz in der Küchenmaschine verrühren. Die Butter hineinschneiden, den Frischkäse dazugeben und mit der Pulse-Taste zu erbsengroßen Teigkrümeln verarbeiten. Dann Ahornsirup und Wasser hinzufügen, weiter mit der Pulse-Taste einarbeiten oder herausnehmen und zügig mit den Händen zu einem glatten Teig verkneten.
Auf einer bemehlten Arbeitsfläche zu einer 25 Zentimeter großen runden Form ausrollen und auf das Backblech geben.
Für die Füllung in einer Schüssel Ricotta, Honig, Pfeffer sowie Meersalz verrühren und auf dem Teig verstreichen. Dabei einen etwa 4 Zentimeter breiten Rand auslassen. Die Gemüsescheiben auf den Ricotta legen, anschließend den Teigrand nach innen klappen und flach drücken.
Ei und Sahne verrühren, den Teigrand damit bestreichen und die Galette etwa 40 Minuten backen, bis die Teigkruste goldbraun ist und die Füllung fest wird. Aus dem Ofen nehmen und vor dem Servieren etwas abkühlen lassen.
Sollte von der Galette etwas übrig bleiben, die Reste in einem luftdicht verschlossenen Behälter im Kühlschrank aufbewahren, wo sie sich etwa 4 Tage lang halten.

FRÜHLING

Mit Kartoffeln und Kräutern

ERGIBT: 4 BIS 6 PORTIONEN

1 Grundrezept Ricotta-Galette (Seite 143)
225 Gramm Kartoffeln,
geschält und in 3 mm dicke Scheiben geschnitten
1 Esslöffel Olivenöl
2 Teelöffel Kräuter der Provence
1/4 Teelöffel Meersalz
(wenn die Kräutermischung kein Salz enthält)

Die Kartoffelscheiben mit dem Olivenöl sowie Kräutern und Salz vermengen. Die Galette zubereiten und die Kartoffelscheiben auf dem Ricotta auslegen.
Bei diesem Rezept bleiben die Kartoffeln recht bissfest. Wenn Sie sie weicher mögen, können Sie die ganzen Kartoffeln 3 Minuten in kochendem Salzwasser garen. Lassen Sie sie abkühlen, bevor Sie sie in Scheiben schneiden.

SOMMER

Mit Auberginen und Fetakäse

ERGIBT: 4 BIS 6 PORTIONEN

1 Grundrezept Ricotta-Galette (Seite 143)
60 Gramm Fetakäse
1 kleine Aubergine, in 5 mm dicke Scheiben geschnitten
1 Esslöffel Olivenöl
2 Teelöffel geräuchertes Paprikapulver (Pimentón de la Vera)
1 Prise Safran
1/4 Teelöffel Meersalz

Die Galette mit zusätzlich 30 Gramm Feta zubereiten.
In einer Schüssel Auberginenscheiben mit Öl, Räucherpaprika, Safran, Meersalz und dem restlichen Feta verrühren. Die Auberginenscheiben auf dem Ricotta auslegen und wie angegeben backen.

HERBST

Mit Moschus-Kürbis und Blauschimmelkäse

ERGIBT: 4 BIS 6 PORTIONEN

1 Grundrezept Ricotta-Galette (Seite 143)
1 Moschus-Kürbis, halbiert und entkernt
1/2 Tasse (120 g) Ricotta
1 großes Ei, gewürfelt
1 Esslöffel Honig
1/2 Teelöffel Meersalz
1/2 Teelöffel schwarzer Pfeffer
2 Teelöffel frischer Salbei, fein gehackt
60 Gramm Blauschimmelkäse

Den Backofen auf 220 °C vorheizen.
Den Kürbis mit der Innenseite nach unten in eine Auflaufform geben und diese 1/2 Zentimeter hoch mit Wasser füllen. Im Backofen etwa 45 Minuten garen. Den Kürbis abkühlen lassen und das Fleisch herausschaben. 230 Gramm Kürbisfleisch in einer kleinen Schüssel mit Ricotta, Ei, Honig, Salz, Pfeffer, Salbei und Blauschimmelkäse vermengen.
Die Galette zubereiten, die Kürbis-Ricotta-Mischung darauf verstreichen und wie angegeben backen.

WINTER

Mit Pastinaken und Thymian

ERGIBT: 4 BIS 6 PORTIONEN

1 Grundrezept Ricotta-Galette (Seite 143)
1 Pastinake, in dünne Scheiben geschnitten
1 Esslöffel Butter, zerlassen
1/2 Teelöffel getrockneter Thymian

Die Pastinakenscheiben mit Butter und Thymian vermengen. Die Galette zubereiten, die Pastinakenscheiben auf dem Ricotta auslegen und wie angegeben backen.

Galette mit Pastinaken und Thymian>

Enchiladas

Wäre ich als Kind nicht so wählerisch gewesen, müsste ich jetzt nicht so viele neue Gerichte ausprobieren. Meine Eltern haben gern Enchiladas gegessen, aber mir waren sie immer suspekt. Also entschied ich mich meist für Burger mit Pommes frites. Doch mittlerweile bin ich ein Fan von Enchiladas!

Ich weiß nicht mehr, wann ich sie zum ersten Mal probiert habe, aber ich erinnere mich noch gut daran, wie überrascht ich war, als ich feststellte, wie perfekt die Maistortillas mit der Füllung und der Sauce harmonierten. Und so schafften es die Enchiladas schnell auf meine Liste der ultimativen Seelentröster-Gerichte. Außerdem sind sie so vielseitig, dass Sie dafür nahezu jede Füllung verwenden können.

Womit ich meine Enchiladas fülle, hängt ganz davon ab, welches Gemüse es gerade frisch auf dem Markt gibt. Doch die Sauce bleibt immer gleich und im Sommer koche ich sogar für die Enchiladasauce extra Tomaten ein. (Schneller geht's natürlich, wenn Sie die Schältomaten aus dem Naturkostladen nehmen.) Für mehr Schärfe können Sie einfach etwas Cayennepfeffer oder Chipotle-Chilipulver dazugeben. Und auch Chipotle-Chilis in Adobosauce sind eine ideale Ergänzung.

Grundrezept
Enchiladas mit schwarzen Bohnen

ERGIBT: 8 ENCHILADAS

1 Rezept Maistortillas (Seite 122)

Sauce

1 Esslöffel Olivenöl
½ mittelgroße rote Zwiebel, in feine Würfel geschnitten
1 Jalapeñoschote, entkernt und fein gehackt
2 Tassen (360 g) Schältomaten
¼ Tasse (4 g) Koriandergrün, gehackt
½ Teelöffel Meersalz
2 Esslöffel Limettensaft, frisch gepresst
½ Teelöffel Chipotle-Chilipulver

Füllung

½ Tasse (125 g) gekochte schwarze Bohnen, abgegossen und unter kaltem Wasser abgespült
1½ Tassen (240 g) gekochtes Gemüse nach Wahl, klein geschnitten

110 Gramm Queso fresco, zerkrümelt (ersatzweise Fetakäse)

Den Backofen auf 190 °C vorheizen.

Für die Sauce in einem mittelgroßen flachen Topf das Olivenöl auf mittlerer Flamme erhitzen. Zwiebeln sowie Jalapeñoschote dazugeben und 7 Minuten anbraten, bis die Zwiebeln glasig sind. Dann Tomaten, Koriandergrün, Salz, Limettensaft sowie Chilipulver dazugeben und kurz zum Kochen bringen. Anschließend die Hitze reduzieren und 5 Minuten köcheln lassen.

Für die Füllung die schwarzen Bohnen in einer Schüssel mit dem Gemüse vermischen.

Die Hälfte der Sauce in eine 23 x 23 Zentimeter große Auflaufform geben.

Tortillas nach Rezept zubereiten und jede Tortilla mit ¼ Tasse (60 Gramm) der Füllung bestreichen und zusammenrollen. Jeweils mit der Nahtstelle nach unten in die Auflaufform legen und die Tortillas mit der restlichen Sauce bestreichen.

Enchiladas mit dem Käse bestreuen und etwa 30 Minuten backen, bis die Sauce Blasen bildet und der Käse goldbraun ist.

Enchiladas mit schwarzen Bohnen und gebackenem Gemüse >

FRÜHLING

Mit Grünkohl und Knoblauchgrün

ERGIBT: 8 ENCHILADAS

1 Grundrezept Enchiladas mit schwarzen Bohnen (Seite 146)
1 Tasse (40 g) Grünkohl, ohne Stiele, in Streifen geschnitten
¼ Tasse (40 g) Knoblauchgrün, fein gehackt

Die Enchiladas nach dem Grundrezept zubereiten, dabei die Grünkohlstreifen und das Knoblauchgrün unter die schwarzen Bohnen mischen.

SOMMER

Mit gebackenem Gemüse

ERGIBT: 8 ENCHILADAS

1 Grundrezept Enchiladas mit schwarzen Bohnen (Seite 146)
1 Tasse (120 g) Zucchini, in Würfel geschnitten
½ Tasse (75 g) rote Paprikaschote, in Würfel geschnitten
¼ Tasse (35 g) rote Zwiebel, in Würfel geschnitten
½ Esslöffel Olivenöl
2 Messerspitzen Meersalz

Den Backofen auf 200 °C vorheizen.

In einer Schüssel Zucchini-, Paprika- und Zwiebelwürfel mit Olivenöl und Meersalz vermengen. In eine Auflaufform geben und etwa 25 Minuten backen, bis die Zucchini weich sind.

Die Enchiladas nach dem Grundrezept zubereiten, dabei die Gemüsemischung mit den schwarzen Bohnen vermengen.

HERBST

Mit Spinat und Kürbissauce

ERGIBT: 8 ENCHILADAS

1 Grundrezept Enchiladas mit schwarzen Bohnen (Seite 146)
1 Tasse (40 g) frischer Spinat, zerpflückt

Kürbissauce

¼ gelbe Zwiebel, in Würfel geschnitten
1 Tasse (240 g) Kürbispüree (Seite 142)
¾ Tasse (180 ml) natriumarme Gemüsebrühe
2 Esslöffel Koriandergrün, fein gehackt
2 Esslöffel Limettensaft, frisch gepresst
½ Teelöffel Chilipulver
½ Teelöffel gemahlener Kreuzkümmel
¼ Teelöffel Meersalz

Für die Sauce Zwiebeln, Kürbispüree und Gemüsebrühe in einem flachen Topf verrühren. Koriandergrün, Limettensaft, Chilipulver, Kreuzkümmel sowie Salz einrühren und auf mittlerer Flamme erhitzen, bis die Sauce warm ist.
Die Enchiladas nach dem Grundrezept zubereiten, dabei den Spinat unter die Bohnen mischen und statt mit der Tomatensauce mit Kürbissauce anrichten.

WINTER

Mit würzigen Steckrüben

ERGIBT: 8 ENCHILADAS

1 Grundrezept Enchiladas mit schwarzen Bohnen (Seite 146)
2 Steckrüben, in Würfel geschnitten
1 Esslöffel Olivenöl
½ Teelöffel gemahlener Kreuzkümmel
½ Teelöffel gemahlener Koriander
1 Teelöffel geräuchertes Paprikapulver (Pimentón de la Vera)

Den Backofen auf 190 °C vorheizen.
In einer Auflaufform die Rübenwürfel mit Olivenöl, Kreuzkümmel, Koriander sowie Räucherpaprika verrühren und etwa 30 Minuten backen, bis die Rübenwürfel weich sind.
Die Enchiladas nach dem Grundrezept zubereiten, dabei die Steckrüben unter die Bohnen mischen.

6

Desserts

Auf meinem Blog *Naturally Ella* habe ich nicht viele Dessertrezepte gepostet. Deshalb sieht meine Webseite etwas gesünder aus, als es meine Essgewohnheiten tatsächlich sind! Doch ich bin ein großer Anhänger der These „Alles, aber in Maßen". Und ich backe gern, lange Zeit war mir das Backen sogar lieber als das Kochen. Mein Käsekuchen schmeckt wirklich hervorragend und ich bringe auch eine Kuchenglasur ohne allzu viele Patzer zustande. Im Urlaub verbringe ich meine Zeit oft als Dessertköchin und mache Unmengen von Obstkuchen und Cookies. Ich liebe meine selbst gemachten Naschereien! Dieses Kapitel ist der Beweis dafür.

Obwohl ich eigentlich Desserts mit Schokolade am liebsten mag, habe ich mich auch hier für typische saisonale Leckereien entschieden. Ein Dessert mit Obst gibt mir die Möglichkeit, auf zusätzlichen Zucker zu verzichten, es sei denn, ich verwende Zitronen oder Limetten. Zudem sind Fruchtdesserts der ideale Abschluss für eine saisonale Mahlzeit. Natürlich können Sie Obst auch einfach pur essen, vielleicht mit etwas Sahne, doch dafür brauchen Sie kein Rezept. Daher habe ich für dieses Kapitel nur die besten Rezepte ausgewählt.

Ich bevorzuge natürliche Süßungsmittel wie Ahornsirup, Honig, Zuckerrohrmelasse oder Sorghumsirup. Gelegentlich greife ich auch zu Vollrohrzucker, vor allem wegen seines Geschmacks, oder für den Guss meist zu Puderzucker. Und was das Mehl angeht, so können Sie Vollkornmehl Type 1700 für fast alle Rezepte verwenden, die gewöhnliches Mehl erfordern. Nehmen Sie dieselbe Menge Mehl und geben Sie bei Bedarf 1 bis 2 Esslöffel mehr Flüssigkeit dazu. Wenn Sie aber gern mit Weißmehl backen, können Sie die süßen Versuchungen auch damit zubereiten.

< *Obsttarte mit Zimt und Birnen*

Sorbet

Meine Großtante lebte nicht weit von uns entfernt, als ich noch klein war, und so schlich ich mich gern durch die Hinterhöfe zu ihr. Sie passte ohnehin meistens auf mich auf, wenn meine Eltern nicht da waren. Wir spielten zusammen Karten, beobachten vom Balkon aus die Leute auf der Straße und aßen. Ja, eigentlich aßen wir ständig. Sie war es, die mir beibrachte, dass Butter gut schmeckt und von einem Teller Bratkartoffeln ganz zu schweigen. Und sie zeigte mir, dass man das, was man isst, genießen sollte. Außerdem hatte sie sozusagen eine natürliche Vorliebe für Desserts, vor allem für das „Regenbogen-Sorbet", das ich am allerliebsten mochte.

Ich mag Sorbets noch immer – vor allem, wenn sie selbst gemacht sind! Ein Sorbet ist schnell zubereitet: einfach ein paar Zutaten zusammengeben, verrühren ... und schon ist es fertig. Es gibt kaum ein Süßungsmittel, das ich noch nicht für meine Fruchtpürees verwendet habe, doch mit ganz normalem Rohrzucker schmecken sie einfach am besten.

Wie viel Frucht und wie viel Wasser Sie für das Sorbet nehmen, können Sie von Fall zu Fall entscheiden. Mehr Flüssigkeit ergibt mehr Sorbet, ganz gleich, ob Sie nun Wasser oder Fruchtsaft nehmen. Und auch was die Zuckermenge angeht, gibt es keine feste Regel. Zitronensaft erfordert natürlich etwas mehr Süßungsmittel, aber bei frischen Beeren ist das normalerweise nicht nötig. Ihr bester Ratgeber ist dabei letztlich Ihr eigener Gaumen. Schmecken Sie die Fruchtmischung gleich nach dem Kochen ab, dann löst sich der Zucker noch gut auf.

Grundrezept Fruchtsorbet

ERGIBT: 6 BIS 8 PORTIONEN

3 Tassen (720 ml) Fruchtsaft
2½ Tassen (600 ml) Wasser
½ bis 1 Tasse (100–200 g) Rohrzucker

In einem flachen Topf Fruchtsaft, Wasser und Zucker mit dem Schneebesen verrühren. Zum Kochen bringen, die Hitze reduzieren und 1 Minute köcheln lassen, bis der Zucker sich aufgelöst hat. Vom Herd nehmen, in eine Schüssel gießen, abkühlen lassen und anschließend in den Kühlschrank stellen.

Die Sorbetmasse in die Eismaschine füllen und nach Anleitung des Herstellers gefrieren lassen. Oder in einen flachen Behälter geben, nach dem Durchfrieren Stücke herausbrechen oder -schaben und diese in einem Hochleistungsmixer pürieren.

Brombeersorbet >

FRÜHLING

Erdbeersorbet

ERGIBT: 6 BIS 8 PORTIONEN

1 Grundrezept Fruchtsorbet (Seite 152)
4 Tassen (520 g) Erdbeeren, geviertelt
3 Esslöffel Zitronensaft
1 Teelöffel abgeriebene Zitronenschale (von einer Bio-Zitrone)
¼ Tasse (50 g) Zucker

Das Fruchtsorbet zubereiten wie im Grundrezept angegeben, dabei statt des Fruchtsafts die Erdbeermischung verwenden.
Die Erdbeeren mit Wasser und Zitronensaft in einem Mixer pürieren. Die abgeriebene Zitronenschale und den zusätzlichen Zucker zu der Fruchtmischung geben.

SOMMER

Brombeersorbet

ERGIBT: 6 BIS 8 PORTIONEN

1 Grundrezept Fruchtsorbet (Seite 152)
4 Tassen (560 g) Brombeeren
2 Esslöffel Zitronensaft

Das Fruchtsorbet nach dem Grundrezept zubereiten, dabei statt des Fruchtsafts die Brombeermischung verwenden.
Die Brombeeren abspülen und anschließend im Mixer mit Wasser und Zitronensaft pürieren. Durch ein Sieb passieren, um die Kerne zu entfernen.

HERBST

Birnensorbet

ERGIBT: 6 BIS 8 PORTIONEN

1 Grundrezept Fruchtsorbet (Seite 152)
900 Gramm Birnen, ohne Kerngehäuse, geschält und geviertelt

Das Fruchtsorbet nach dem Grundrezept zubereiten, dabei statt des Fruchtsafts das Birnenpüree verwenden und nur 100 Gramm Zucker nehmen.
Für das Birnenpüree die Früchte mit dem Wasser in den Mixer geben.

WINTER

Zitrussorbet

ERGIBT: 6 BIS 8 PORTIONEN

1 Grundrezept Fruchtsorbet (Seite 152)
1½ Tassen (360 ml) Orangensaft
1½ Tassen (360 ml) Mandarinensaft
½ Tasse (120 ml) Zitronensaft
abgeriebene Orangenschale (von einer Bio-Orange)

Das Fruchtsorbet nach dem Grundrezept zubereiten, dabei statt des Fruchtsafts die in diesem Rezept angegebenen Säfte verwenden und die Wassermenge auf 540 Milliliter (2¼ Tassen) reduzieren.
Die Säfte mit dem Wasser und dem Zucker aufkochen, die Orangenschale dazugeben und durchziehen lassen. Dann vorgehen, wie im Grundrezept beschrieben.

Crumble

Als ich anfing, Kochbücher zu schreiben, gewöhnte ich mir schnell an, meine Mutter nicht um Hilfe zu bitten. Sie kochte zwar wie gebeten die einzelnen Gerichte nach, dann erzählte sie mir aber irgendwann, dass sie hier und da etwas geändert habe. Und eine Waage oder einen Messbecher verwende sie sowieso nie. Und ich kann ihr nicht einmal einen Vorwurf machen, denn ich mache es eigentlich genauso – es sei denn, ich schreibe ein Kochbuch. Bei mir lauten die Mengenangaben normalerweise „1 gute Prise", „ein bisschen", „ungefähr 1 Tasse" oder „1 Spritzer". Beim Backen muss man allerdings genau sein.

Außer ... man bereitet Frucht-Crumble zu. Dieses Rezept habe ich kreiert, als es draußen warm war, ich frisches Obst übrig hatte und es mit Vanilleeis auf den Tisch bringen wollte. Und es hat tatsächlich geklappt: Das Obst ist nicht zu süß geworden und die Streusel kommen schön knusprig aus dem Ofen. (Dafür nehme ich wegen des nussigen Geschmacks am liebsten Hafermehl.)

Das Grundrezept ist ausgesprochen variabel, was die Menge des Süßungsmittels und des Mehls angeht. Wenn ich eher saure Früchte wie Rhabarber verwende, nehme ich dafür etwas mehr Süßungsmittel oder gebe noch eine süßere Frucht dazu. Bei sehr saftigem Obst wie Beeren füge ich noch 1 zusätzlichen Esslöffel Mehl hinzu, wodurch die Beerenmasse leichter andickt. Wenn Sie für die Streusel weniger Mehl verwenden, dann wird Ihr Crumble schön saftig – was besonders zu Vanilleeis köstlich schmeckt.

Grundrezept Frucht-Hafer-Crumble

ERGIBT: 3 BIS 4 PORTIONEN

Füllung

2½ bis 3 Tassen (375–450 g) frisches Obst nach Wahl, klein geschnitten
2 Esslöffel Ahornsirup
1 Esslöffel Vollweizenmehl oder Hafermehl
1 Teelöffel Vanillepulver oder naturreiner Vanilleextrakt

Streusel

½ Tasse (50 g) Hafermehl
½ Tasse (50 g) Haferflocken
2 Esslöffel Butter
1 Esslöffel Ahornsirup

Den Backofen auf 190 °C vorheizen.

Für die Füllung Obst, Ahornsirup, Mehl und Vanille in eine Auflaufform mit etwa 2 Litern Fassungsvermögen geben und gut vermischen.

Für die Streusel Hafermehl und -flocken in die Küchenmaschine geben. Butter und Ahornsirup hinzufügen und mit der Pulse-Taste zu erbsengroßen Teigkrümeln verarbeiten.

Streusel auf dem Obst verteilen.

Das Crumble etwa 25 Minuten backen, bis die Streusel goldbraun sind und das Obst Blasen wirft. Vor dem Servieren 5 Minuten abkühlen lassen.

FRÜHLING

Mit Rhabarber

ERGIBT: 3 BIS 4 PORTIONEN

1 Grundrezept Frucht-Hafer-Crumble (Seite 155)
3 Tassen (330 g) Rhabarber, in Würfel geschnitten
½ Tasse (120 ml) Ahornsirup
¼ Tasse (30 g) Hafermehl oder Weizenmehl Type 1700
1 Teelöffel gemahlener Zimt

Das Crumble nach dem Grundrezept zubereiten, dabei Rhabarber statt der Früchte verwenden. Die Menge des Ahornsirups auf 120 Milliliter erhöhen und 30 Gramm Mehl (statt 1 Esslöffel) dazugeben. Den Zimt unter den Rhabarber rühren.

SOMMER

Mit Pfirsichen und Kardamom

ERGIBT: 3 BIS 4 PORTIONEN

1 Grundrezept Frucht-Hafer-Crumble (Seite 155)
2 große Pfirsiche (340 g),
geschält und in Scheiben geschnitten
2 Esslöffel Zuckerrohrmelasse
¼ Teelöffel gemahlener Kardamom

Das Crumble nach dem Grundrezept zubereiten, dabei die Pfirsiche als Obst verwenden. Den Ahornsirup durch Melasse ersetzen und mit dem Kardamom unter die Pfirsiche rühren.

HERBST

Mit Pflaumen

ERGIBT: 3 BIS 4 PORTIONEN

1 Grundrezept Frucht-Hafer-Crumble (Seite 155)
2½ Tassen (340 g) Pflaumen, in Scheiben geschnitten
½ Teelöffel gemahlener Zimt

Das Crumble nach dem Grundrezept zubereiten, dabei die Pflaumen als Obst verwenden und mit Zimt würzen.

WINTER

Mit Kürbis und Äpfeln

ERGIBT: 3 BIS 4 PORTIONEN

1 Grundrezept Frucht-Hafer-Crumble (Seite 155)
2 Tassen (280 g) Kürbis, in Würfel geschnitten
½ Tasse (70 g) Apfel,
ohne Kerngehäuse, geschält und in Würfel geschnitten
¼ Tasse (60 ml) Ahornsirup
1 Teelöffel gemahlener Zimt
½ Teelöffel Vanillepulver oder naturreiner Vanilleextrakt

Das Crumble nach dem Grundrezept zubereiten, dabei Kürbis- und Apfelwürfel statt der Früchte verwenden. Die Menge des Ahornsirups auf 60 Milliliter erhöhen. Den Sirup mit Zimt und Vanillepulver unter die Würfel rühren.

< *Frucht-Hafer-Crumble mit Rhabarber*

Cupcakes

Bei Cupcakes bin ich pingelig: Der Teig muss saftig, aber leicht sein. Sie sollten eine leichte Vanillenote haben und das Häubchen sollte nicht der alleinige Star dieser süßen Nascherei sein. Meine Rezepte kommen ohne Industriezucker aus. Ich nehme stattdessen hellen Ahornsirup für meine Cupcakes, damit bleibt ihre fluffig-weiche Konsistenz erhalten.

Außerdem verwende ich selten viel Creme für das Häubchen (Frosting). Wenn Sie es aber mit viel Buttercreme mögen, erhöhen Sie einfach Menge der Zutaten für die Buttercreme auf das 1½-Fache. Für eine leichtere Version habe ich die Sahnecreme kreiert, die Sie statt der Buttercreme verwenden können. Die Cupcakes vor dem Servieren im Kühlschrank aufbewahren!

Grundrezept Vanille-Cupcakes

ERGIBT: 12 CUPCAKES

Cupcakes

2½ Tassen (300 g) Vollweizenmehl Type 1700
2 Teelöffel Weinstein-Backpulver
½ Teelöffel Natriumbikarbonat
½ Teelöffel Meersalz
2 große Eier
¾ Tasse (180 ml) Ahornsirup oder Reismalz
½ Tasse (110 g) Butter, zerlassen und abgekühlt
½ Tasse (120 ml) Vollmilch
1 Teelöffel Vanillepulver
oder naturreiner Vanilleextrakt

Buttercreme-Frosting

½ Tasse (110 g) weiche Butter
2 Tassen (240 g) Puderzucker
1 Teelöffel Vanillepulver
oder naturreiner Vanilleextrakt
3 Esslöffel vollfette Schlagsahne

Sahnecreme-Frosting

1 Tasse (240 ml) Konditorsahne
(wahlweise normale Schlagsahne)
1 Esslöffel Mascarpone
2 Esslöffel Ahornsirup

Backofen auf 180 °C vorheizen.

Eine Muffinform mit 12 Vertiefungen mit Papierförmchen auskleiden.

Für die Cupcakes in einer großen Schüssel Mehl, Backpulver, Natriumbikarbonat und Meersalz vermischen.

In einer zweiten Schüssel Eier, Ahornsirup, Butter, Milch und Vanillepulver mit dem Schneebesen verrühren. Die nassen Zutaten über die trockenen gießen und verrühren, bis alle Klümpchen sich aufgelöst haben.

Mit einem Portionslöffel den Teig auf die Muffinformen verteilen (etwa 60 Gramm Teig pro Förmchen). Die Muffins etwa 20 Minuten backen, bis an einer Stricknadel beim Anstechen kein Teig mehr kleben bleibt. Aus dem Ofen nehmen und auf einem Gitter vollständig auskühlen lassen.

Für die Buttercreme in einer Schüssel Butter, Puderzucker, Vanillepulver und 2 Esslöffel Sahne gut verrühren. Die restliche Sahne nur dazugeben, wenn die Creme zu fest wird. Sie sollte sich gut verstreichen lassen.

Für die Sahnecreme mit dem Handrührgerät Sahne sowie Mascarpone steif schlagen, dann den Ahornsirup vorsichtig einrühren.

Die Creme auf die abgekühlten Cupcakes streichen (oder mit dem Spritzbeutel daraufgeben).

In einem luftdicht verschlossenen Behälter halten sich die Cupcakes bei Zimmertemperatur etwa 3 Tage. Wenn Sie mehr Creme verwenden, sollten Sie sie im Kühlschrank aufbewahren.

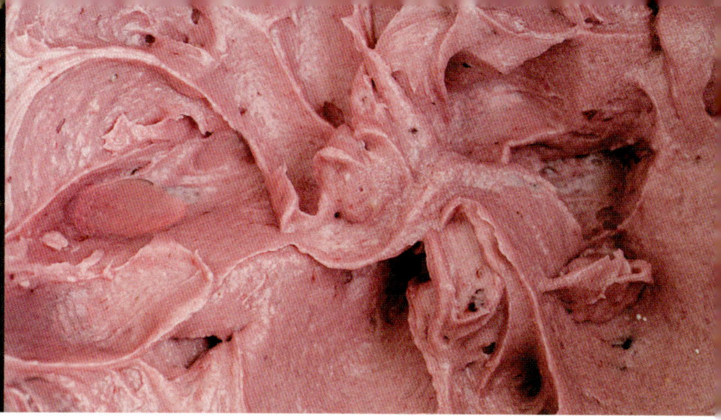

FRÜHLING

Mit Erdbeerfüllung

ERGIBT: 12 CUPCAKES

1 Rezept Cupcakes (Seite 158)
1 Rezept Butter- oder Sahnecreme-Frosting (Seite 158)

Füllung

1½ Tassen (210 g) Erdbeeren, geviertelt
2 Esslöffel Ahornsirup
2 Esslöffel Maisstärke
1 Esslöffel Wasser

Für die Füllung Erdbeeren und Ahornsirup etwa 8 Minuten in einem flachen Topf erwärmen, bis die Erdbeeren ihren Saft abgeben. In einer Tasse Maisstärke und Wasser verrühren, zu den Erdbeeren geben und 3 Minuten weiterköcheln, bis die Mischung andickt.
Die Cupcakes nach dem Grundrezept zubereiten.
Wenn sie abgekühlt sind, mit einem Gemüsemesser vorsichtig aushöhlen, die Erdbeerfüllung hineingeben und mit einem Tupfer Butter- oder Sahnecreme versiegeln.

SOMMER

Zitronen-Cupcakes mit Heidelbeercreme

ERGIBT: 12 CUPCAKES

1 Rezept Cupcakes (Seite 158)
½ Teelöffel naturreines Zitronenöl
2 Teelöffel abgeriebene Zitronenschale (von einer Bio-Zitrone)

Heidelbeercreme

1 Rezept Buttercreme-Frosting (Seite 158)
1 Tasse (120 g) Heidelbeeren
1 Esslöffel Zitronensaft
1 Esslöffel Mascarpone (wahlweise)

Die Cupcakes nach dem Grundrezept zubereiten. Dabei Zitronenöl und -schale mit den nassen Zutaten verrühren und anschließend vorgehen, wie im Grundrezept beschrieben.
Für die Heidelbeercreme 12 schöne Heidelbeeren auswählen und beiseitestellen. Die restlichen Heidelbeeren mit dem Zitronensaft in einem flachen Topf erhitzen und etwa 7 Minuten köcheln lassen, bis sie ihren Saft verlieren.
Die Mischung durch ein Sieb streichen und die Flüssigkeit auffangen. Davon 3 Esslöffel abmessen.
Die Buttercreme nach dem Grundrezept zubereiten und dabei statt der Sahne den Blaubeersaft einrühren. Wenn die Creme nicht gut bindet, zusätzlich 1 Esslöffel Mascarpone einrühren.
Die Heidelbeercreme auf die Cupcakes spritzen und jeweils eine Heidelbeere daraufsetzen.

HERBST

Birnen-Cupcakes mit Buttercreme

ERGIBT: 12 CUPCAKES

1 Rezept Cupcakes (Seite 158)
1 feste Birne, ohne Kerngehäuse, geschält
1 Teelöffel gemahlener Zimt
1/4 Teelöffel gemahlene Mazisblüte

1 Rezept Buttercreme-Frosting (Seite 158)
gemahlener Zimt zum Bestäuben
(Menge nach Geschmack)

Die Birne grob raspeln. Anschließend die Raspel in ein Sieb geben, auspressen und den Saft auffangen.
Die Cupcakes nach dem Grundrezept zubereiten, dabei die ausgepressten Birnenraspel unter die nassen Zutaten rühren und Zimt sowie Mazisblüte unter das Mehl. Ersetzen Sie zudem 1/4 Tasse (60 Milliliter) Milch durch Birnensaft.
Die Cupcakes backen und nach 18 Minuten anstechen. Durch Zugabe der Birnenraspel brauchen die Cupcakes etwa 23 Minuten Backzeit.
Abkühlen lassen, die Buttercreme auf die Cupcakes spritzen und mit etwas gemahlenem Zimt bestäuben.

WINTER

Orangencreme-Cupcakes

ERGIBT: 12 CUPCAKES

1 Rezept Cupcakes (Seite 158)
1 Rezept Sahnecreme-Frosting (Seite 158)

Orangencreme (Orange Curd)

1/4 Tasse (60 ml) Reismalz
2 Esslöffel Honig
2 große Eier
1 Eigelb
1/4 Tasse (60 ml) Orangensaft
je 1 Teelöffel Maisstärke und abgeriebene Orangenschale
(von einer Bio-Orange)
2 Esslöffel weiche Butter

Für die Orangencreme in einer Schüssel Reismalz, Honig, Eier und Eigelb gut durchmischen. In einer zweiten Schüssel 2 Esslöffel Orangensaft mit Maisstärke verrühren, bis diese sich aufgelöst hat. Dann die restlichen 30 Milliliter Orangensaft und die abgeriebene Orangenschale unterziehen. In die Eimischung gießen und mit dem Schneebesen gut verrühren.
Die Creme in einen Wasserbadtopf geben und auf niedriger bis mittlerer Flamme unter ständigem Rühren mit dem Schneebesen etwa 3 Minuten andicken lassen. Vom Feuer nehmen und die Butter unterziehen. Abkühlen lassen, wobei der Orange Curd weiter andickt.
Die Cupcakes zubereiten und nach dem Abkühlen mit einem Messer aushöhlen. Die Orangencreme hineingeben und mit Sahnecreme verziert servieren.

Kompott

Mein Mann und ich lieben Eiscreme über alles. Wir haben immer irgendeine leckere Eiscreme im Gefrierschrank, aber am liebsten mögen wir Vanilleeis. Da wir beide ansonsten einen recht unterschiedlichen Geschmack haben, wandeln wir es ganz nach Lust und Laune ab.

Während ich dazu am liebsten frisches Obst oder Schokolade mag, steht mein Mann auf Vanilleeis mit Erdnusscreme. Ich serviere Vanille-Eiscreme am liebsten mit einem fruchtigen Kompott, das sich in Nullkommanichts auf den Tisch zaubern lässt.

Ein gutes Fruchtkompott sollte aus gedünstetem Obst und einem natürlichen Süßungsmittel bestehen. Wenn Sie aber nicht zu den Naschkatzen gehören, können Sie es natürlich auch weniger süß zubereiten. Außerdem lässt es sich nach Belieben mit unterschiedlichen Gewürzen variieren. Zu Obst mag ich besonders Zimt und Kardamom, aber Sie können Ihr Fruchtkompott zur Abwechslung ja auch mal mit Kräutern variieren. Wenn bei mir Kompott übrig bleibt, rühre ich es mit Joghurt an oder reiche es zu den Crêpes von Seite 168.

Fruchtkompott mit Birnen und Ingwer

Grundrezept Fruchtkompott

ERGIBT: 1 BIS 1½ SCHALEN (240 BIS 320 GRAMM)

- 2 Tassen (300 g) Früchte, in Würfel geschnitten
- 2 Esslöffel Ahornsirup
- 2 Esslöffel Mascobado-Vollrohrzucker
- ¼ Teelöffel Vanillepulver oder naturreiner Vanilleextrakt

Alle Zutaten in einen flachen Topf geben und auf niedriger Flamme etwa 6 Minuten köcheln lassen, bis das Obst weich ist und zu zerfallen beginnt.

Vor dem Servieren leicht abkühlen lassen.

FRÜHLING

Mit gebackenem Rhabarber und Nelken

ERGIBT: ½ Schale (120 Gramm)

2 Tassen (220 g) Rhabarber, in Würfel geschnitten
¼ Teelöffel gemahlene Nelken
Ahornsirup, Zucker und Vanillepulver
wie im Grundrezept (Seite 161)

Den Backofen auf 190 °C vorheizen.
Alle Zutaten in eine Auflaufform geben. Mit Alufolie abdecken und etwa 30 Minuten backen, bis der Rhabarber weich wird und zu einer dicken Sauce verbacken ist.
Vor dem Servieren etwas abkühlen lassen.

SOMMER

Mit Himbeeren

ERGIBT: 1 SCHALE (240 GRAMM)

2 Tassen (240 g) Himbeeren
1 Esslöffel Bourbon Whiskey
¼ Teelöffel gemahlener Kardamom
Ahornsirup, Zucker und Vanillepulver
wie im Grundrezept (Seite 161)

Alle Zutaten in einen flachen Topf geben und garen, wie im Grundrezept beschrieben. Whiskey sowie Kardamom einrühren und etwa 10 Minuten köcheln lassen.

HERBST

Mit Bratapfel und Zimt

ERGIBT: 1 SCHALE (240 GRAMM)

2 Tassen (240 g) Äpfel,
ohne Kerngehäuse, geschält und in Würfel geschnitten
1 Teelöffel gemahlener Zimt
¼ Tasse (60 ml) Ahornsirup

Den Backofen auf 200 °C vorheizen.
Alle Zutaten in eine Auflaufform geben und mit dem Ahornsirup übergießen. Das Kompott etwa 20 Minuten backen, bis die Äpfel weich sind, dann mit einer Gabel zerdrücken oder in der Küchenmaschine pürieren.
Vor dem Servieren etwas abkühlen lassen.

WINTER

Mit Birnen und Ingwer

ERGIBT: 1 SCHALE (240 GRAMM)

2 Tassen (240 g) Birnen,
ohne Kerngehäuse, geschält und in 5 mm große Würfel geschnitten
3 Esslöffel Honig
1 Esslöffel Zitronensaft
2 Teelöffel frischer Ingwer, fein gehackt

Alle Zutaten in einen flachen Topf geben und auf niedriger Flamme etwa 10 Minuten garen, bis die Birnen weich sind.
Vor dem Servieren etwas abkühlen lassen.

< Fruchtkompott mit gebackenem Rhabarber und Nelken

Obsttarte mit Creme-Füllung

Ich bin in einer Familie aufgewachsen, in der alle ganz verrückt waren nach Frucht-Pies. Also gab es zu jedem Geburtstag und an jedem Feiertag einen Pie mit allen möglichen leckeren Füllungen sowie mit Teigdeckel oder mit Gitter auf Linzer Art. Aber irgendwann bin ich über dieses fantastische Rezept für eine Mürbeteig-Tarte mit Vanillecreme gestolpert, die ich seitdem auf jede nur erdenkliche Weise variiere.

Das Problem an einer Tarte mit Creme- oder Pudding-Füllung ist gewöhnlich die Hitze und Sie müssen aufpassen, dass der Boden nicht verbrennt. Bei dieser Tarte ist das anders, denn die Creme wird einfach mitgebacken. Am meisten Arbeit macht sicherlich der Teig. Ich backe auch die Frucht-Füllung immer mit. Nur frisches Obst wie z. B. Beeren kommt ungebacken auf die Creme.

Grundrezept Obsttarte mit Cremefüllung

ERGIBT: 8 BIS 12 STÜCKE

Teig

1¼ Tassen (150 g) Vollweizenmehl Type 1700 oder Weizenmehl Type 550
¼ Teelöffel Meersalz
6 Esslöffel kalte Butter
30 Gramm Doppelrahmfrischkäse
2 Esslöffel Ahornsirup
2 Esslöffel kaltes Wasser

Cremefüllung

½ Tasse (60 g) Vollweizenmehl Type 1700 oder Weizenmehl Type 550
½ Tasse (120 ml) Ahornsirup
6 große Eier
¼ Tasse (60 ml) Schlagsahne
1 Teelöffel Vanillepulver oder naturreiner Vanilleextrakt
2 Esslöffel Butter, zerlassen und abgekühlt

2 Tassen (300 g) Früchte oder Beeren nach Wahl

Den Backofen auf 190 °C vorheizen.

Für den Teig in einer Schüssel Mehl und Salz verrühren. Mit kalten Händen Butter und Frischkäse einarbeiten, bis sich erbsengroße Teigkrümel bilden. Ahornsirup sowie esslöffelweise kaltes Wasser hinzufügen und zügig zu einem glatten Teig verkneten.

Den Teig auf eine bemehlte Arbeitsfläche geben und zu einer runden Form auswellen, die groß genug ist für eine Tarteform mit 28 Zentimetern Durchmesser. In die eingeölte Tarteform geben und andrücken. Den Boden mehrfach mit einer Gabel einstechen und 10 Minuten vorbacken, bis der Teig zu bräunen beginnt.

Für die Cremefüllung alle Zutaten in den Mixer geben und glatt pürieren. Die Früchte auf dem Tarteboden verteilen und die Cremefüllung darübergeben. Anschließend die Tarte wieder in den Ofen schieben und etwa 20 Minuten backen, bis die Creme fest geworden ist und an der Oberfläche leicht zu bräunen beginnt. Aus dem Ofen nehmen und abkühlen lassen.

Erdbeertarte mit Limettencreme >

FRÜHLING

Erdbeertarte mit Limettencreme

ERGIBT: 8 BIS 12 PORTIONEN

1 Grundrezept Obsttarte mit Cremefüllung (Seite 164)

Limettencreme (Lime Curd)

¾ Tasse (180 ml) Ahornsirup
4 große Eier
2 Eigelb
½ Tasse (120 ml) Limettensaft
2 Teelöffel Maisstärke
1 Teelöffel abgeriebene Bio-Limettenschale
4 Esslöffel weiche Butter
340 Gramm frische Erdbeeren

Die Teigschale backen wie im Grundrezept angegeben.
Für die Limettencreme Ahornsirup, Eier und Eigelb mit dem Schneebesen verrühren. In einer zweiten Schüssel die Maisstärke in 30 Millilitern Limettensaft auflösen. Restlichen Limettensaft und -schale einrühren, dann alles gut in die Eimischung einarbeiten.
Die Mischung in einen Wasserbadtopf gießen und unter ständigem Rühren auf niedriger Flamme erwärmen. Nach 5 Minuten sollte die Limettencreme klümpchenfrei andicken. Vom Feuer nehmen und die Butter mit dem Schneebesen unterziehen. Die Creme in die Teigschale gießen und abkühlen lassen. Wenn sie ganz abgekühlt ist, die Erdbeeren in Scheiben schneiden und auf die Creme legen.
Die Tarte bis zum Servieren kühl stellen.

SOMMER

Mit frischen Himbeeren

ERGIBT: 8 BIS 12 PORTIONEN

1 Grundrezept Obsttarte mit Cremefüllung (Seite 164)
340 Gramm frische Himbeeren
(auch gelbe oder schwarze, wenn erhältlich)

Die Teigschale zubereiten wie im Grundrezept angegeben, dabei jedoch vor dem Backen nur mit der Creme füllen, nicht mit Früchten. Diese werden erst nach dem Abkühlen der gebackenen Tarte daraufgegeben.

HERBST

Mit Zimt und Birnen

ERGIBT: 8 BIS 12 PORTIONEN

1 Rezept Obsttarte mit Cremefüllung (Seite 164)
1 Teelöffel gemahlener Zimt
1 große, feste Birne, ohne Kerngehäuse

Die Tarte nach Grundrezept zubereiten, dabei den Zimt in die Cremefüllung einrühren.
Die Birne in 5 Millimeter dicke Scheiben schneiden und den Teigboden damit belegen. Die Creme darübergeben und die Teigschale backen wie im Grundrezept angegeben.

WINTER

Mit Vanille und Granatapfelkernen

ERGIBT: 8 BIS 12 PORTIONEN

1 Grundrezept Obsttarte mit Cremefüllung (Seite 164)
Mark von 2 Vanilleschoten
1 Tasse (160 g) Granatapfelkerne

Die Tarte nach dem Grundrezept zubereiten, dabei für die Cremefüllung statt des Vanillepulvers das ausgekratzte Mark von zwei Vanilleschoten verwenden.
Nach dem Vorbacken die Granatapfelkerne auf dem Teigboden verteilen, die Cremefüllung darübergeben und backen, bis diese fest wird.

Obsttarte mit Zimt und Birnen >

Crêpes

In der Kleinstadt, in der mein Mann und ich uns kennengelernt haben, gab es in einem Restaurant unglaublich gute Crêpes. Wenn wir uns trafen, gingen wir oft irgendwo etwas essen und anschließend ins Kino. Oder wir machten einen Stadtbummel, bei dem wir unweigerlich in diesem Restaurant landeten, bevor wir uns auf den Heimweg machten. Das Restaurant hatte einen hübschen Innenhof, wo wir einen Milchkaffee tranken und eine Crêpe mit Eiscreme, Obst oder einer süßen Sauce dazu aßen.

Als wir dann nach Kalifornien zogen, kauften wir uns gleich eine Crêpespfanne. Und ich musste wieder einmal feststellen, dass das Backen doch einfacher ist, als es auf den ersten Blick erscheint. Doch was ist das Geheimnis guter Crêpes? Ein schmackhafter Teig und eine möglichst flache Pfanne. Wenn Sie den Dreh erst einmal raushaben, sind die Crêpes in Nullkommanichts fertig, und da sie so wunderbar anpassungsfähig sind, lassen sie sich fast mit allem füllen. In Frankreich werden sie zwar süß gegessen, doch ich habe sie auch schon statt Brot für das Gegrillte Käsesandwich (Seite 51) verwendet.

Französische Crêpes bestehen aus Weizenmehl und sind – wie gesagt – immer süß gefüllt. Die pikante Version heißt *Galette (Seite 143)* und wird aus Buchweizenmehl gemacht. Aber natürlich können Sie Ihre Crêpes mit dem Mehl Ihrer Wahl zubereiten. Glutenarm werden sie mit Hafer und einen angenehm erdigen Geschmack bekommen sie mit Roggen oder Gerste. Außerdem lassen sich Crêpes perfekt einfrieren. Legen Sie einfach ein Stück Backpapier dazwischen und frieren Sie sie in einem luftdicht verschlossenen Behälter ein. Dann halten sie bis zu einem Monat.

Grundrezept Vollweizen-Crêpes

ERGIBT: 8 CRÊPES

½ Tasse (60 g) Vollweizenmehl Type 1700
¼ Teelöffel Meersalz
2 große Eier
1 Esslöffel Ahornsirup
½ Tasse (120 ml) Milch
1 Esslöffel Butter, zerlassen und ein wenig abgekühlt

In einer Schüssel alle Zutaten bis auf die Butter mit dem Schneebesen zu einem glatten Teig verrühren.
Eine kleine, flache Pfanne mit Butter bestreichen. Auf mittlerer Flamme erhitzen und zunächst ¼ Tasse (60 Milliliter) Teig hineingeben. Und nun muss es schnell gehen: Die Pfanne so drehen, dass der Teig zu einem Pfannkuchen verläuft, der den gesamten Pfannenboden bedeckt, und 1 Minute backen. Wenden und noch einmal 30 bis 60 Sekunden backen. Die Crêpe sollte auf jeder Seite leicht gebräunt sein. Die restlichen Crêpes ebenso backen und anschließend auf einen Teller schichten.

TIPP *Wenn die Pfanne erst einmal heiß ist, können Sie im Normalfall die Hitze reduzieren.*

Vollweizen-Crêpes mit Limettencreme >

FRÜHLING

Mit Limettencreme

ERGIBT: 1 TASSE (240 GRAMM) LIMETTENCREME (FÜR 8 CRÊPES)

1 Grundrezept Vollweizen-Crêpes (Seite 168)
¼ Tasse (30 g) Roggenmehl

Limettencreme

¼ Tasse (60 ml) Reismalz
2 Esslöffel Honig
2 große Eier
1 Eigelb
1 Teelöffel Maisstärke
¼ Tasse (60 ml) Zitronensaft
1 Teelöffel abgeriebene Zitronenschale (von einer Bio-Zitrone)
2 Esslöffel weiche Butter
¼ bis ½ Tasse (60–120 g) Mascarpone

Die Crêpes nach dem Grundrezept zubereiten, dabei ¼ Tasse (30 Gramm) Weizenmehl durch dieselbe Menge Roggenmehl ersetzen.

Für die Limettencreme in einer Schüssel Reismalz, Honig, Eier und Eigelb mit dem Schneebesen verrühren. In einer zweiten Schüssel die Maisstärke in 2 Esslöffeln Zitronensaft auflösen. Die restlichen 30 Milliliter Zitronensaft sowie die abgeriebene Zitronenschale dazugeben. In die Eimischung gießen und mit dem Schneebesen gründlich verrühren.

Die Eimischung in einen Wasserbadtopf geben und auf niedriger bis mittlerer Flamme erwärmen. Dabei etwa 5 Minuten lang ständig rühren, während die Creme andickt. Vom Feuer nehmen und die Butter mit dem Schneebesen einarbeiten.

Die Crêpes jeweils mit 1 bis 2 Esslöffeln Mascarpone bestreichen und 2 bis 3 Esslöffel Limettencreme daraufgeben. Zusammenklappen und sofort servieren.

TIPP *Wenn Sie die Limettencreme dünnflüssiger mögen, lassen Sie einfach die Maisstärke weg.*

SOMMER

Mit Melone und Honig-Minze-Sirup

ERGIBT: 8 CRÊPES

1 Grundrezept Vollweizen-Crêpes (Seite 168)
1 gerade gereifte Cantaloupe-Melone (etwa 900 g)
frische Minzblätter zum Garnieren (Menge nach Geschmack)

Honig-Minze-Sirup

½ Tasse (160 g) Honig
½ Tasse (120 ml) Wasser
¼ Tasse (24 g) frische Minzblätter

Die Melone schälen, von Kernen befreien und in möglichst dünne Scheiben schneiden.

Für den Sirup alle Zutaten in einem flachen Topf verrühren und auf niedriger Flamme einköcheln lassen. Vom Feuer nehmen und durchziehen lassen, während Sie die Crêpes zubereiten. Die Minzblätter herausnehmen.

Die Crêpes nach dem Grundrezept zubereiten, mit Melonenscheiben belegen und den Minzsirup darüberträufeln. Mit frisch gehackter Minze garnieren und sofort servieren.

HERBST

Mit Joghurt und Honigäpfeln

ERGIBT: 8 CRÊPES

1 Grundrezept Vollweizen-Crêpes (Seite 168)
½ Tasse plus 1½ Esslöffel Hafermehl
1 Tasse (240 g) vollfetter griechischer Joghurt

Honigäpfel

2 große saure Äpfel,
ohne Kerngehäuse, in dünne Scheiben geschnitten
3 Esslöffel Honig
2 Esslöffel Zitronensaft
1 Teelöffel frische Ingwerwurzel, fein gehackt

Die Crêpes nach dem Grundrezept zubereiten und dabei das Weizenmehl durch Hafermehl ersetzen.
Für die Honigäpfel in einem flachen Topf die Apfelscheiben mit 2 Esslöffeln Honig, Zitronensaft sowie Ingwer verrühren und zugedeckt 5 Minuten weich kochen.
In einer kleinen Schüssel den Joghurt mit 1 Esslöffel Honig vermischen.
Die Crêpes jeweils mit 2 Esslöffeln Joghurt und etwas Apfelfüllung bestreichen.

TIPP *Ich mag Äpfel gern mit Schale. Wenn Sie das nicht mögen, schälen Sie die Äpfel einfach, bevor Sie sie in Scheiben schneiden.*

WINTER

Mit Orangenkompott und Crème fraîche

ERGIBT: 8 CRÊPES

1 Grundrezept Vollweizen-Crêpes (Seite 168)
½ bis 1 Tasse (120–240 g) Crème fraîche

Orangenkompott

2 Navelorangen (am besten die Sorte Valencia Late)
2 Esslöffel Zuckerrohrmelasse oder Sorghumsirup
¼ Teelöffel gemahlener Kardamom

Die Crêpes nach dem Grundrezept zubereiten.
Für das Orangenkompott die Orangen schälen, in Spalten zerteilen und die weißen Innenhäute entfernen. Dann in einem flachen Topf mit Melasse und Kardamom auf mittlerer Hitze etwa 4 Minuten garen, bis der Saft herausquillt. Die noch vorhandenen Spalten mit einem Löffel zerdrücken.
Auf jede Crêpe 1 bis 2 Teelöffel Crème fraîche geben, 1 Esslöffel Orangenkompott daraufgeben und sofort servieren.

Tartelettes mit frischen Früchten

Ich experimentiere gern mit dem Mehl, wenn ich Tartelettes mache. Der erdige und leicht nussige Geschmack von Vollweizenmehl passt sehr gut zu diesem Dessert und vor allem zu Beerenfrüchten oder Kürbis. Besonders knusprig wird die Teigschale, wenn die Butterstücke gerade groß genug sind, um sich zwischen die einzelnen Teigschichten zu legen. Daher nehme ich dafür gern die Küchenmaschine, denn die Hände sind meist doch zu warm für den Teig. Dann zerläuft die Butter und der Teig wird klebrig.

Das Rezept für den Teig ist relativ einfach. Etwas schwieriger ist jedoch die Zubereitung der Füllung. Besonders saftiges Obst wie Rhabarber erfordert ein anderes Verhältnis von Süßungsmittel und Mehl als saure Obstsorten wie etwa Cranberrys. Doch das müssen Sie letztendlich selbst ausprobieren. Verwenden Sie auf jeden Fall Backpapier.

Grundrezept Tartelettes mit frischen Früchten

ERGIBT: 6 TARTELETTES

Tartelette-Teig

1 Tasse (120 g) Vollweizenmehl Type 1700 oder Weizenmehl Type 550
¼ Teelöffel Meersalz
¼ Tasse (60 g) kalte Butter
30 Gramm Doppelrahmfrischkäse
1 Esslöffel Ahornsirup
2 Esslöffel kaltes Wasser

Füllung

2½ bis 3 Tassen (375–450 g) frisches Obst nach Wahl, in Würfel geschnitten
3 Esslöffel Ahornsirup
3 Esslöffel Weizenmehl Type 550 oder Vollweizenmehl Type 1700

Eimischung zum Bestreichen

2 Esslöffel Schlagsahne
1 großes Ei

Den Backofen auf 190 °C vorheizen und ein Blech mit Backpapier auslegen.

Für den Teig in einer großen Schüssel oder mit der Küchenmaschine Mehl und Salz verrühren. Die Butter hineinschneiden, den Doppelrahmfrischkäse dazugeben und mit der Pulse-Taste oder mit kalten Händen zu erbsengroßen Teigkrümeln verarbeiten. Ahornsirup sowie Wasser hinzufügen und zu einem glatten Teig verkneten. Diesen auf einer bemehlten Arbeitsfläche ausrollen, mit einem großen Plätzchenausstecher Kreise von 7,5 Zentimetern Durchmesser ausstechen und auf das Backblech geben.

Für die Füllung alle Zutaten in einer Schüssel verrühren und auf den Teigboden geben. Dabei einen etwa 1,5 Zentimeter breiten Rand auslassen. Den Rand über die Füllung klappen und andrücken. Das Ei mit der Sahne verrühren und die Teigränder damit bestreichen.

Die Tartelettes im Backofen etwa 30 Minuten backen, bis der Teig goldbraun ist und die Füllung Blasen wirft. Aus dem Ofen nehmen und vor dem Servieren abkühlen lassen.

Die Tartelettes halten sich in einem luftdicht verschlossenen Behälter im Kühlschrank etwa 4 Tage.

Tartelettes mit Rhabarber und Walnüssen >

FRÜHLING

Mit Rhabarber und Walnüssen

ERGIBT: 6 TARTELETTES

1 Rezept Tartelette-Teig (Seite 172)
1 Rezept Eimischung zum Bestreichen (Seite 172)

Füllung

2 Tassen (220 g) Rhabarber, in Würfel geschnitten
½ Tasse (50 g) Walnüsse, gehackt
¼ Tasse (60 ml) Ahornsirup
2 Esslöffel Mehl
½ Teelöffel Vanillepulver oder naturreiner Vanilleextrakt
½ Teelöffel gemahlener Zimt
¼ Teelöffel gemahlene Nelken
¼ Teelöffel gemahlener Ingwer

Die Tartelettes nach dem Grundrezept zubereiten und die ausgestanzten Tartelettes auf das Backblech geben.
Für die Füllung in einer Schüssel alle Zutaten vermengen und gut verrühren. Die Rhabarbermischung mit dem Löffel auf die Törtchen geben und dabei einen 1,5 Zentimeter breiten Rand auslassen. Den Rand über die Füllung klappen, mit der Eimischung bestreichen und die Tartelettes etwa 30 Minuten backen.

TIPP *Wenn Sie daraus eine Tarte machen wollen, rollen Sie den Teig auf eine Fläche von 25 Zentimetern Durchmesser aus und bereiten die Tarte nach dem Grundrezept für die Tartelettes zu.*

SOMMER

Mit gemischten Beeren

ERGIBT: 6 TARTELETTES

1 Rezept Tartelette-Teig (Seite 172)
1 Rezept Eimischung zum Bestreichen (Seite 172)
3 Tassen (375 g) gemischte Sommerbeeren nach Wahl
1 Teelöffel abgeriebene Zitronenschale
(von einer Bio-Zitrone)

Vermischen Sie die Beeren mit der Zitronenschale und bereiten Sie die Tartelettes nach dem Grundrezept zu.

TIPP *Nehmen Sie Beeren, die gerade reif sind. Sie zerfallen nicht so schnell wie reifere und weichere Früchte.*

HERBST

Mit würzigem Kürbispüree

ERGIBT: 6 TARTELETTES

1 Rezept Tartelette-Teig (Seite 172)
1 Rezept Eimischung zum Bestreichen (Seite 172)

Würziges Kürbispüree

1 Tasse (245 g) Kürbispüree
170 Gramm Doppelrahmfrischkäse (in Zimmertemperatur)
¼ Tasse (60 ml) Ahornsirup
1 großes Ei
1 Teelöffel gemahlener Zimt
¼ Teelöffel gemahlener Ingwer
¼ Teelöffel gemahlene Nelken
¼ Teelöffel gemahlene Muskatnuss

Die Tartelettes nach dem Grundrezept zubereiten.
Für das Kürbispüree in einer großen Schüssel alle Zutaten mit dem Mixer zu einer glatten Masse pürieren.
Das Kürbispüree auf die Tartelettes streichen, die Ränder umklappen und mit der Eimischung bestreichen. Anschließend backen wie im Grundrezept angegeben.

WINTER

Mit Cranberrys

ERGIBT: 6 TARTELETTES

1 Rezept Tartelette-Teig (Seite 172)
1 Rezept Eimischung zum Bestreichen (Seite 172)

Füllung

2½ Tassen (165 g) Cranberrys
½ Tasse (90 g) Rapadura-Vollrohrzucker
¼ Tasse plus 2 Esslöffel (45 g) Mehl
¼ Tasse (60 ml) Ahornsirup
1 Teelöffel gemahlener Zimt

Die Tartelettes nach dem Grundrezept zubereiten.
Für die Füllung die Cranberrys in einem flachen Topf auf niedriger Flamme 4 Minuten erhitzen, bis der Saft austritt. Die restlichen Zutaten einrühren und die Cranberrymischung 3 Minuten köcheln lassen, bis sie andickt.
Die Tartelettes mit der Cranberrymischung füllen, die Ränder mit Eimischung bestreichen und backen wie im Grundrezept angegeben.

Pudding

Ich muss zugeben, dass ich früher steif und fest behauptet habe, wirklich guten Pudding könne man einfach selbst machen. Stattdessen habe ich die hübschen bunten Becher und Schälchen im Supermarkt gekauft und sie als Dessert zum Mittagessen im Büro verspeist. Am liebsten mochte ich Vanillepudding, durch den sich eine Schokospirale zog. Als ich es dann schließlich zu Hause trotzdem wagte, Pudding selbst zu kochen, hat mich das Ergebnis sofort überzeugt. Und ich habe mir geschworen: Nie wieder Fertigware!

Mit Vollmilch und echter Schokolade zubereitet, war mein erster hausgemachter Pudding eigentlich eine vollwertige Mahlzeit. Ich begann verschiedene Geschmacksrichtungen und Süßungsmittel auszuprobieren. In dem folgenden Grundrezept verwende ich Honig, aber bei mir gibt es ebenso oft Pudding mit Ahornsirup, vor allem wenn ich ihn mit herbstlichen Früchten zubereite. Der Pudding sollte allerdings nicht allzu süß sein, damit das Aroma der Früchte nicht untergeht.

Das Grundrezept für Vanillepudding ist bestens geeignet für Ihre eigenen kreativen Pudding-Experimente. Verwenden Sie dafür Vollmilch und Vanillemark, so wird der Pudding cremiger und aromatischer. Ich esse dazu am liebsten sonnengereifte Beeren.

Grundrezept Vanillepudding

ERGIBT: 4 BIS 5 PORTIONEN

4 Eigelb von großen Eiern
¼ Tasse (80 g) Honig
2 Esslöffel Maisstärke
¼ Teelöffel Salz
2 Tassen (480 ml) Vollmilch
Mark von 1 Vanilleschote
2 Esslöffel Butter

In einer großen Schüssel Eigelb, Honig, Maisstärke und Salz verrühren. Die Milch in einen Topf geben und das Mark aus der Vanilleschote herauskratzen. Vanillemark und -schale zu der Milch geben und auf mittlerer Flamme erwärmen, bis die Milch heiß ist, aber nicht kocht. Anschließend die Vanilleschale herausnehmen.
Dann ¼ Tasse (60 Milliliter) von der heißen Milch in die Eimischung einrühren. Mit dem Schneebesen gut einarbeiten und die restliche heiße Milch langsam dazugeben, während Sie immer die Milch weiterschlagen. Die Milch-Ei-Mischung in den Topf geben, die Hitze auf niedrige Flamme reduzieren und den Pudding etwa 7 Minuten köcheln lassen, dabei immer wieder mit einem Holzlöffel am Topfboden entlang rühren, damit nichts ansetzen kann.
Den Pudding vom Herd nehmen, wenn er so dickflüssig ist, dass er am Holzlöffel hängen bleibt. Die Butter einrühren, bis sie sich gut mit dem Pudding verbunden hat.
Den Vanillepudding sofort servieren oder in einem luftdicht verschlossenen Behälter im Kühlschrank kalt stellen.

TIPP *Achten Sie vor allem darauf, dass der Pudding nicht anbrennt, was leider allzu schnell passieren kann.*

Vanillepudding mit gebackenen Kirschen >

FRÜHLING

Mit Erdbeeren

ERGIBT: 4 BIS 5 PORTIONEN

1 Grundrezept Vanillepudding (Seite 176)
¼ Tasse (60 ml) Ahornsirup
2 Tassen (240 g) reife Erdbeeren, geviertelt

Die Erdbeeren zerdrücken und beiseitestellen.
Den Vanillepudding nach dem Grundrezept mit Ahornsirup statt mit Honig zubereiten. Die zerdrückten Erdbeeren mit der Butter einrühren und warm oder gekühlt servieren.

TIPP *Wenn die Erdbeeren nicht weich genug sind, können Sie sie vorher backen wie die Kirschen im Sommer-Rezept.*

SOMMER

Mit gebackenen Kirschen

ERGIBT: 4 BIS 5 PORTIONEN

1 Grundrezept Vanillepudding (Seite 176)
340 Gramm Kirschen, entsteint und geviertelt
3 Esslöffel Ahornsirup
¼ Teelöffel Vanillepulver oder naturreiner Vanilleextrakt

Den Vanillepudding nach dem Grundrezept zubereiten. Den Backofen auf 220 °C vorheizen.
Die Kirschen in einer Schüssel mit dem Ahornsirup und dem Vanillepulver verrühren. In eine Auflaufform geben und etwa 15 Minuten weich backen. Aus dem Ofen nehmen und mit der Butter (siehe Grundrezept Seite 176) in den Pudding rühren. Oder die Butter einrühren und die Kirschen vor dem Servieren über den Pudding geben.

HERBST

Mit Granatapfelsauce

ERGIBT: 4 BIS 5 PORTIONEN

1 Grundrezept Vanillepudding (Seite 176)
¾ Tasse (180 ml) Granatapfelsaft
je 1 Esslöffel Honig und warmes Wasser
2 Esslöffel Maisstärke
¼ Tasse (40 g) Granatapfelkerne

Den Vanillepudding zubereiten.
In einem flachen Topf den Granatapfelsaft mit Honig verrühren und anschließend in einer kleinen Schüssel die Maisstärke in Wasser auflösen. Die Stärkemischung in den Granatapfelsaft einrühren und diesen auf niedriger Flamme unter ständigem Rühren 5 Minuten andicken lassen, bis die Flüssigkeit wieder klar wird.
Die Granatapfelsauce und die -kerne mit dem Schneebesen vorsichtig in den Pudding einrühren. Dabei sollte sich eine dunkelrote Spirale bilden. Warm oder kalt servieren.

WINTER

Mit Süßkartoffeln

ERGIBT: 4 BIS 5 PORTIONEN

1 Grundrezept Vanillepudding (Seite 176)
1 Tasse (150 g) Süßkartoffeln,
geschält und in 1 cm große Würfel geschnitten
1½ Esslöffel Schlagsahne
1 Teelöffel gemahlener Zimt
¼ Teelöffel gemahlene Muskatnuss
2 Messerspitzen Mazisblüte
¼ Tasse (60 ml) Ahornsirup

Wasser in einem Topf zum Kochen bringen, die Süßkartoffelwürfel hineingeben und etwa 6 Minuten weich kochen. Abgießen und in der Küchenmaschine mit Sahne, Zimt, Muskatnuss sowie Mazisblüte zu Püree verarbeiten.
Den Vanillepudding nach dem Grundrezept zubereiten, dabei statt dem Honig Ahornsirup verwenden und das Süßkartoffelpüree in den heißen Pudding einrühren.

Upside-Down Cake

Ich bringe es einfach nicht fertig, auf eine Party zu gehen, ohne etwas mitzubringen. Meistens habe ich eine Flasche Wein, ein paar Oliven und selbst gemachtes Hummus dabei. Ein noch besseres Mitbringsel ist jedoch ein selbst gebackener Kuchen!

Für diesen Kuchen brauchen Sie keinen Guss ... das spart Zeit. Und weil er zum Schluss gestürzt wird, wobei die Früchte zum Vorschein kommen, sieht er immer gut aus. Zitronen oder Orangen in Scheiben kommen auf diesem Kuchen einfach perfekt zur Geltung! In einem luftdicht verschlossenen Behälter hält er sich bei Zimmertemperatur etwa 1 Woche und er lässt sich auch gut einfrieren.

Sie können das Grundrezept mit ausgemahlenem Weizenmehl Type 550 zubereiten, ich empfehle Ihnen aber, dafür Vollkornmehl Type 1700 zu verwenden. Der nussige Geschmack bildet zusammen mit der Fruchtsäure und dem Ahornsirup einen unübertroffenen aromatischen Dreiklang. Und was das Obst angeht: Ich schäle es nicht, weil ich für diesen Kuchen nur Früchte aus biologisch-organischem Anbau verwende. Konventionell angebautes Obst sollten Sie hingegen unbedingt schälen!

Grundrezept Upside-Down Cake

ERGIBT: 1 KUCHEN VON 20 ZENTIMETERN DURCHMESSER ODER 8 PORTIONEN

Fruchtschicht

¼ Tasse (60 ml) Ahornsirup
280 bis 340 Gramm frische Früchte nach Wahl

Teig

1½ Tassen (180 g) Vollweizenmehl Type 1700 oder Weizenmehl Type 550
1 Teelöffel Weinstein-Backpulver
½ Teelöffel Natriumbikarbonat
¼ Teelöffel Meersalz
2 große Eier
½ Tasse (110 g) Butter, zerlassen und abgekühlt
½ Tasse (120 ml) Ahornsirup
½ Tasse (120 ml) Vollmilch

Den Backofen auf 190 °C vorheizen.

Für die Fruchtschicht den Ahornsirup in eine Backform mit 20 Zentimetern Durchmesser geben und 1 Minute in den Backofen stellen, bis der Sirup warm ist. Aus dem Ofen nehmen und den Boden mit den frischen Früchten belegen.

Für den Teig in einer Schüssel Mehl, Backpulver, Natriumbikarbonat und Meersalz vermengen.

In einer zweiten Schüssel Eier, Butter, Ahornsirup und Vollmilch mit dem Schneebesen verrühren. Die nassen Zutaten über die trockenen gießen und gut unterrühren, bis der Teig frei von Klümpchen ist.

Den Teig über die Fruchtschicht geben, mit einem Teigschaber gleichmäßig verstreichen und etwa 30 Minuten backen, bis sich die Oberfläche zu wölben beginnt und an einer Stricknadel beim Anstechen kein Teig mehr kleben bleibt.

Den Kuchen aus dem Ofen holen und 10 Minuten in der Form abkühlen lassen. Dann mit einem Messer lockern, eine Kuchenplatte auf die Form stellen und den Kuchen mit einer schnellen Bewegung stürzen.

FRÜHLING

Mit Honigorangen

ERGIBT: 8 PORTIONEN

1 Grundrezept Upside-Down Cake (Seite 179)
½ Tasse (160 g) Honig
1 Bio-Orange
½ Teelöffel gemahlener Kardamom

In der Kuchenform statt des Ahornsirups den Honig erwärmen. Dann die Orange in 3 Millimeter dicke Scheiben schneiden und auf dem Boden der Kuchenform auslegen. Den Upside-Down Cake nach dem Grundrezept zubereiten, dabei den Kardamom zu den trockenen Zutaten geben.

TIPP *Der Honig sorgt dafür, dass dieser Kuchen schneller bräunt. Überprüfen Sie also schon nach 20 Minuten, ob er ausgebacken ist. Sollte der Teig noch klebrig sein, den Kuchen mit Alufolie bedecken und fertig backen.*

SOMMER

Mit Nektarinen

ERGIBT: 8 PORTIONEN

1 Grundrezept Upside-Down Cake (Seite 179)
2 kleine Nektarinen, ohne Stein, geviertelt
¼ Tasse Mandelblätter

Zuerst die Nektarinenviertel in 3 Millimeter dicke Scheiben schneiden.
Den Kuchen nach dem Grundrezept zubereiten, dabei den Boden der Backform mit den Nektarinen auslegen. Wenn Sie den Upside-Down Cake gestürzt haben, die Oberfläche mit den Mandelblättern bestreuen.

TIPP *Wenn Sie Pfirsiche lieber mögen, sollten Sie darauf achten, dass diese nicht zu weich sind und sich gut in Scheiben schneiden lassen.*

HERBST

Mit Chai und Apfelscheiben

ERGIBT: 8 PORTIONEN

1 Grundrezept Upside-Down Cake (Seite 179)
1 Teelöffel gemahlener Zimt
½ Teelöffel gemahlener Ingwer
¼ Teelöffel gemahlene Nelken
¼ Teelöffel gemahlener Kardamom
¼ Teelöffel schwarzer Pfeffer, fein gemahlen
1 Messerspitze gemahlene Muskatnuss
4 Teebeutel Bio-Schwarztee
1 Sternanis
½ großer Apfel (am besten die Sorte Gala), ohne Kerngehäuse, in 5 mm dicke Scheiben geschnitten

In einem flachen Topf Butter, Ahornsirup und Milch aus dem Grundrezept mit den Gewürzen verrühren. Die Teebeutel hineinhängen, Sternanis dazugeben und auf niedriger Flamme erwärmen, bis die Butter geschmolzen ist. Die Milch sollte jedoch nicht aufwallen.

Vom Herd nehmen und abkühlen lassen, bis die Mischung lauwarm ist. Den Sternanis und die Teebeutel herausnehmen. Die Teebeutel gründlich ausdrücken.

Den Upside-Down Cake weiter nach dem Grundrezept zubereiten, dabei den Boden der Backform mit den Apfelscheiben auslegen und die Milchmischung mit den Eiern verrühren.

WINTER

Mit frischen Zitronen

ERGIBT: 8 PORTIONEN

1 Grundrezept Upside-Down Cake (Seite 179)
½ Tasse (120 ml) Zuckerrohrmelasse oder Sorghumsirup
1 große Zitrone (am besten eine Meyer-Zitrone), in dünne Scheiben geschnitten

Den Upside-Down Cake nach dem Grundrezept zubereiten, dabei den Boden der Backform mit den Zitronenscheiben auslegen und statt des Ahornsirups Melasse verwenden.

TIPP *Wenn Sie keinen Sorghumsirup bekommen, können Sie für diesen Kuchen auch eine Mischung aus jeweils einer Hälfte Zuckerrohrmelasse und Ahornsirup verwenden.*

Brotpudding

Leider gab es in meiner Kindheit auch Desserts, die ich gar nicht kannte. Ich ging damals gern zu bestimmten Geburtstagsfeiern, weil es dort Cookies gab, die meine Mutter nie machte. Und auch Brotpudding gab es zu Hause nicht. Erst als ich in einem Café in der Nähe Fotos machte, fiel er mir auf und ich probierte ihn – und merkte sofort, was ich verpasst hatte. Der Brotpudding war warm, fest und der Tupfer Sahne darauf machte ihn zu einem absolut himmlischen Vergnügen. Ich träume heute noch von diesem genialen Pudding!

Meine eigene Brotpudding-Version ist allerdings etwas gesünder. Dafür nehme ich Vollkornbrot und nicht allzu viel Süßungsmittel, aber viel Obst. Brotpudding ist ein schnelles Dessert. Die Zutaten dafür haben wir fast immer zu Hause, da mein Mann gern Brot isst.

Brotpudding schmeckt am besten frisch aus dem Ofen, Sie können ihn aber auch aufwärmen. Und auf die Sahne sollten Sie wirklich nicht verzichten! Experimentieren Sie ruhig selbst, um Ihre Lieblingsbrotsorte für dieses Dessert zu finden. Ich habe schon exzellenten Brotpudding mit Roggenbrot gemacht, wozu übrigens frische Beeren ganz hervorragend schmecken.

Grundrezept Vollkorn-Brotpudding

ERGIBT: 4 PORTIONEN

3 Tassen (180 g) Vollkornbrot, in 1 bis 1,5 cm große Würfel geschnitten
3 große Eier
1 Tasse (240 ml) Vollmilch
3 Esslöffel Ahornsirup
2 Esslöffel Butter, zerlassen und abgekühlt
½ Teelöffel Vanillepulver oder naturreiner Vanilleextrakt
Schlagsahne zum Garnieren (Menge nach Wunsch)

Den Backofen auf 180 °C vorheizen.
Die Brotwürfel in eine Backform mit 1 bis 1,3 Litern Fassungsvermögen (oder 25 Zentimetern Durchmesser) geben. In einer Schüssel die Eier mit dem Schneebesen verrühren, anschließend Milch, Ahornsirup, Butter sowie Vanillepulver dazugeben und über die Brotwürfel gießen. Diese mit einem Löffel nach unten drücken, damit sie sich vollsaugen können.
Den Brotpudding etwa 40 Minuten backen, bis er goldbraun und fest ist. Aus dem Ofen nehmen, einen Tupfer geschlagene Sahne daraufsetzen und heiß servieren.

TIPP *Den Brotpudding zum Aufwärmen mit Alufolie bedecken und bei 170 °C etwa 12 bis 15 Minuten in den Backofen schieben.*

Vollkorn-Brotpudding mit Aprikosen >

FRÜHLING

Mit Aprikosen

ERGIBT: 4 PORTIONEN

1 Grundrezept Vollkorn-Brotpudding (Seite 182)
3 Esslöffel Zuckerrohrmelasse oder Sorghumsirup
½ Teelöffel gemahlener Kardamom
3 bis 4 Aprikosen (240 g), in Scheiben geschnitten
½ Tasse (50 g) Haselnüsse, grob zerdrückt

Den Brotpudding nach dem Grundrezept zubereiten, dabei den Ahornsirup durch Melasse ersetzen und den Kardamom unter die Eimischung rühren.
Die Aprikosen und Haselnüsse unter die Brotwürfel mischen, bevor Sie die Eimischung darübergießen.

SOMMER

Mit Brombeeren und Mandeln

ERGIBT: 4 PORTIONEN

1 Grundrezept Vollkorn-Brotpudding (Seite 182)
1½ Tassen (180 g) Brombeeren
½ Tasse (60 g) Mandelblätter

Den Brotpudding zubereiten, wie im Grundrezept angegeben, dabei Brombeeren sowie Mandeln unter die Brotwürfel mischen und anschließend die Eimasse darübergeben.

HERBST

Mit Äpfeln und Bourbon

ERGIBT: 4 PORTIONEN

1 Grundrezept Vollkorn-Brotpudding (Seite 182)
2 Esslöffel Bourbon Whiskey
Mark von 1 Vanilleschote
1 mittelgroßer Apfel,
ohne Kerngehäuse, geschält und in Würfel geschnitten
2 Esslöffel Rapadura-Vollrohrzucker (zum Bestreuen)

Den Brotpudding nach dem Grundrezept zubereiten, dabei den Whiskey und das ausgekratzte Vanillemark zu der Eimasse geben.
Die Apfelstücke unter die Brotstücke mischen und diese vor dem Backen mit Vollrohrzucker bestreuen.

TIPP *Wenn Sie keinen Vollrohrzucker bekommen, können Sie stattdessen normalen braunen Zucker verwenden.*

WINTER

Mit Kürbis und Gewürzen

ERGIBT: 4 PORTIONEN

1 Grundrezept Vollkorn-Brotpudding (Seite 182)
1 Tasse (245 g) Kürbispüree (Seite 142)
2 Teelöffel gemahlener Zimt
¼ Teelöffel gemahlene Muskatnuss
¼ Teelöffel gemahlene Nelken

Den Brotpudding zubereiten, wie im Grundrezept beschrieben, dabei 120 Milliliter Milch durch das Kürbispüree ersetzen und die Gewürze in die Eimischung einrühren.

Vollkorn-Brotpudding mit Brombeeren und Mandeln >

Anhang

Garzeiten für Getreide

Ich koche Getreide einfach in viel Wasser mit etwas Salz, bis es weich ist. Zudem überprüfe ich immer wieder, ob es schon den gewünschten Biss hat. Sie können den Eigengeschmack der einzelnen Getreidesorten betonen, indem Sie die Körner vor dem Kochen in einer Pfanne auf niedriger bis mittlerer Flamme etwa 5 Minuten trocken anrösten oder auch mit etwas Butter oder Öl, bis Ihnen der angenehm erdige Duft des Getreides in die Nase steigt.

Weizen, Dinkel, Kamut, Einkorn, Emmer, Roggen, Hafer

Geben Sie 1 Tasse (200 Gramm) Körner in einen großen Topf und bedecken Sie diese vollständig mit Wasser. Die Körner zum Kochen bringen, die Hitze reduzieren, einen Deckel aufsetzen und 45 bis 55 Minuten köcheln lassen, bis sie weich sind, aber noch Biss haben. Nach 30 Minuten sollten Sie die Körner in regelmäßigen Abständen probieren und abgießen, sobald sie die richtige Konsistenz haben. Da Graupen etwas schneller garen, bereits nach 25 Minuten immer wieder probieren. Auf diese Weise können Sie alle oben angeführten Getreidesorten kochen, wobei die Gewichtsangabe bei jeder Sorte anders ausfällt.

Gerste

Geben Sie 1 Tasse (185 Gramm) Gerstenkörner in einen großen Topf und bedecken Sie sie ganz mit Wasser. Zum Kochen bringen, die Hitze reduzieren, einen Deckel aufsetzen und die Gerste 40 bis 50 Minuten köcheln lassen, bis die Körner weich, aber nicht matschig sind. Sobald sie die richtige Konsistenz haben, abgießen und nach Belieben weiterverarbeiten. Gerstengraupen sind schneller gar, daher sollten Sie schon nach etwa 20 Minuten einen vorsichtigen Blick unter den Topfdeckel werfen.

Vollreis

Geben Sie 1 Tasse (190 Gramm) Reis in einen großen Topf und bedecken Sie ihn mit 2 Tassen Wasser (480 Milliliter). Zum Kochen bringen, die Hitze reduzieren, einen Deckel aufsetzen und je nach Verpackungsangabe 15 bis 45 Minuten (Langkornreis) oder 25 bis 40 Minuten (Rundkornreis) auf niedrigster Flamme quellen lassen.

Quinoa

Bringen Sie einfach 1 Tasse (175 Gramm) Quinoa mit 2 Tassen (480 Milliliter) Wasser in einer Kasserolle zum Kochen. Einen Deckel aufsetzen und 10 Minuten simmern lassen, bis die Quinoa den Großteil des Wassers aufgesogen hat. Vom Feuer nehmen und weitere 10 Minuten quellen lassen. Mit einer Gabel auflockern und servieren.

Hirse

Bringen Sie 1 Tasse (220 Gramm) Hirse mit 2 Tassen (480 Milliliter) Wasser in einer Kasserolle zum Kochen. Die Hitze reduzieren, einen Deckel aufsetzen und 15 Minuten köcheln lassen, bis die Hirse das Wasser fast vollständig aufgesogen hat. Vom Feuer nehmen und 10 Minuten quellen lassen. Mit einer Gabel auflockern und auf den Tisch bringen.

Amaranth

Kochen Sie 1 Tasse (185 Gramm) Amaranth in einer Kasserolle mit 2½ Tassen (600 Milliliter) Wasser auf. Einen Deckel aufsetzen, die Hitze reduzieren und 20 Minuten bei niedriger Flamme simmern lassen, bis der Großteil des Wassers aufgesogen wurde. Vom Herd nehmen und vor dem Servieren weitere 10 Minuten quellen lassen.

Polenta

(Siehe Seite 57)

Dank

Ein dickes Dankeschön geht an meinen Ehemann Mike, der (fast) alle meine Gerichte probiert und mir auch in harten Zeiten zur Seite steht; an meine Eltern, die mich auch weiterhin inspirieren und meine größten Fans sind; an meine Großeltern, die vielleicht nicht immer verstehen, was ich da gerade mache, mich aber trotzdem begeistert unterstützen; an Erika und Stephanie Cline, Melissa Coleman, April Holland, Katherine Taylor, Ashley McLaughlin sowie Shanna und Tim Mallon, die alle meine Rezepte getestet haben, und an das Team von *Fair Winds Press* – an Jill Alexander, Cara Connors, Heather Godin sowie meine Lektoren Megan Buckley und Karen Levy, die mir geholfen haben, aus einer Idee ein wunderschönes Buch zu machen.

Über die Autorin

Erin Alderson ist Fotografin, Web-Designerin und leidenschaftliche Bloggerin. In ihrem Blog *Naturally Ella*, in dem es ihr in erster Linie um eine einfache und gesunde Küche geht, wirbt sie für vollwertige vegetarische Ernährung. Ihre Arbeit als Köchin hat sie bereits in *Food Communities* wie *The Kitchn* und *Food52* vorgestellt, aber auch in traditionellen Zeitschriften wie *Food and Wine* und *Bon Appétit*. Erin lebt mit ihrem Mann und ihrem Husky im kalifornischen Sacramento.
www.erinalderson.com

Verzeichnis der Rezepte

Mittagessen oder leichtes Abendessen

Vorspeisen und kleine Gerichte

Abendessen

Desserts

HANS-NIETSCH-VERLAG